本书为重庆市教委人文社科 2022 年度一般项目"重庆市……育现状与发展路径研究"（22SKGH461）阶段性研究成果、重庆第二师范学院校级科研项目"基于OBPP项目经验的大学生生命教育课程体系建构"（KY202105C）阶段性研究成果。

全球视域下中小学
国际理解教育课程研究

任家熠　著

学苑出版社

图书在版编目（CIP）数据

全球视域下中小学国际理解教育课程研究 / 任家熠
著 . — 北京：学苑出版社，2023.11
ISBN 978-7-5077-6775-9

Ⅰ．①全… Ⅱ．①任… Ⅲ．①国情教育－教学研究－
中小学 Ⅳ．① G633.202

中国国家版本馆 CIP 数据核字（2023）第 234572 号

责任编辑：乔素娟
出版发行：学苑出版社
社　　址：北京市丰台区南方庄 2 号院 1 号楼
邮政编码：100079
网　　址：www.book001.com
电子邮箱：xueyuanpress@163.com
联系电话：010-67601101（销售部）、010-67603091（总编室）
印 刷 厂：河北赛文印刷有限公司
开本尺寸：710 mm×1000 mm　1 / 16
印　　张：11
字　　数：220 千字
版　　次：2023 年 11 月第 1 版
印　　次：2023 年 11 月第 1 次印刷
定　　价：60.00 元

作者简介

　　任家熠，男，1989 年 2 月出生，河北省保定市人，毕业于河北大学，硕士研究生学历，现任重庆第二师范学院讲师，重庆市家庭教育研究所副所长。研究方向：基础教育、教师教育。主持重庆市省部级科研项目四项，发表论文十余篇。

前　　言

　　国际理解教育这一教育理念的目标在于促进不同文化背景、不同种族、不同宗教信仰，以及不同区域、国家、地区人们之间的相互理解，目的是加强人们之间的理解与合作，共同认识和处理全球社会存在的重大问题。具体到与之相应的中小学教育活动中，它要求学生学会尊重他人，理解世界的多元性，学会共处与合作，具有一定的国际责任感和全球意识。在经济全球化背景下，面对百年未有之大变局，中小学国际理解教育该走向何方成为摆在教育工作者面前的紧迫课题。政府、学校和社会各界应充分认识中小学国际理解教育的内涵和价值，理性思考当前我国中小学国际理解教育实施过程中存在的问题与不足，借鉴其他国家的经验，从而全面提升我国中小学国际理解教育的能力和水平。

　　本书首先阐述了国际理解教育的相关概念，论述了联合国教科文组织倡导的国际理解教育课程；其次探讨了美国、英国和日本中小学国际理解教育课程；最后分析了我国中小学国际理解教育课程及国外中小学国际理解教育课程的启示。

　　在撰写本书的过程中，笔者借鉴了国内外很多相关的研究成果，在此对相关学者、专家表示诚挚的感谢。

　　由于笔者水平有限，书中有一些内容还有待进一步深入研究和论证，在此恳切地希望各位同行专家和读者朋友予以斧正。

任家熠

2023 年 7 月

目　录

第一章 绪论

国际理解教育是现代教育中一项基础性教育内容，是学会共生的教育，是在平等的基础上理解与被理解相统一的教育，是受教育者的修身教育与外在责任意识教育相统一的教育。其实质是一种面对差异、认识差异、试图化解差异所可能导致的危险和冲突的教育。本章分为国际理解教育的内涵界定、国际理解教育的理论基础、国际理解教育的主要特征、国际理解教育的价值分析四部分。

第一节 国际理解教育的内涵界定

一、国际理解教育的概念界定

（一）国际理解

《现代汉语大词典》中"国际"是指国与国之间，世界各国之间或是与世界各国有关的事物；"理解"是指懂、了解。爱尔兰作家奥利弗·哥德史密斯（Oliver Goldsmith）最早将国际理解定义为一种意识，是公民不仅认识到自己是所在国家的成员，同时也是世界范围中的一员。联合国教育、科学及文化组织（以下简称联合国教科文组织）认为，国际理解是一种能力，不论地区与文化差异，都能够对彼此的行为进行客观的观察与评价。有学者认为，国际理解的实质是一种双边互动的心理活动，通过国家与国家之间的沟通交流而达到相互理解。国际理解不仅是一种意识、认知、态度，更是一种能力与行为。这种理解是双向的，是一种跨越国界的交流与沟通，增强对本国和本民族的认同感，增进对他国的认识与了解，在互动的过程中达成双向的理解，进而消除不同地域人们交往过程中的障碍。国际理解被列为新时代学生必备的核心素养要点之一。《中国学生发展核心素养》将国际理解定义为：具有全球意识和开放的心态，了解人类文明进程和世界发展动态；能尊重世界多元文化的多样性和差异性，积极参与跨文化交流；关注人类面临的全球性挑战，理解人类命运共同体的内涵与价值。

（二）国际理解教育

人们对于如何界说国际理解教育有着不同的见解，并无定论。但这些见解大都源于联合国教科文组织的相关文件精神。在讨论国际理解教育的概念之前，我们有必要梳理一下它的由来。

两次世界大战给人类造成的巨大损失与创伤促使了人类对国际社会的反思，为了避免大战的再次发生，人们认为国际社会在政治、经济、文化等各个领域都应建立起对话、协调、合作的机制。"二战"结束后不久的 1945 年 11 月，联合国教科文组织在伦敦诞生。《联合国教育、科学及文化组织组织法》的序言当中提到战争爆发的原因是各个国家间的互不信任与猜疑，而这种互不信任与猜疑的背后又是人们对彼此的生活、习俗和历史缺乏了解。因此，联合国教科文组织决意增进国际交往，促成各国人民相互了解，使人们能够更全面地认识彼此的真实生活。可见，联合国教科文组织的成立就是为了通过教育、科学及文化来促进各国之间的理解，进而维护国际社会的和平。1946 年，联合国教科文组织在第一次大会上提出，从完善人类精神家园出发促进国际理解，同年又公布国际理解教育的核心观念，即"理解国际重大问题；尊重联合国和国际关系；消除国际冲突的根源；发展对他国的友好印象"，此举有助于国际社会对国际理解教育达成相对稳定和统一的认识[①]。1948 年，一份题为《青年的国际理解教育精神的培养和有关国际组织的教学》的建议书在国际公共教育大会第 11 届会议上通过，建议书向各国教育部提出"所有教学应有助于学生认识和理解国际团结""应培养学生对世界共同体的责任感，以作为公民责任感的延伸"，还倡导对各国教科书开展经常性的复查工作，增加有利于国际合作的材料，减少可能导致各民族间误解和猜疑的内容。进入 20 世纪 60 年代，第三世界逐渐崛起，与此同时，国际社会的南北矛盾、东西矛盾也日益凸显。于是教科文组织于 1962 年提出了《向青年人宣传有关和平、相互尊重和理解思想的方法》的报告，强调引导青年人主动了解他国人民的生活、摒弃对他国文化的偏见、面对差异能够采取非暴力的方式处理、具备对人权的尊重和对社会的责任感、理解国际合作对于解决世界问题的重要性与必要性。1968 年，在日内瓦召开的国际公共教育大会第 31 届会议通过了《作为学校课程和生活之组成部分的国际理解教育》建议书，关于国际理解教育的指

---

① 李敏智.国际理解教育的发展困惑与出路［J］.广西医科大学学报，2008（S1）：101-104.

导原则，建议书提出了要让青少年以尊重、欣赏的态度和精神，来观察其他种族的生活方式和文化；要挖掘"存在于世界各国人民生活和意识中的共同价值观、抱负和需要"；要让学生认识到"所有的民族文化已经并将继续因受惠于别国文化而丰富"；教育"应指出在处理世界问题上国际合作的必要性"。为了给世界各国实施国际理解教育提供更具体的内容框架和行动指南，1974年，教科文组织发表了一份纲领性指导文件——《关于教育促进国际理解、合作与和平及教育与人权和基本自由相联系的建议》。它进一步归纳了国际理解教育的任务：①公民与道德方面：自由、平等、人权、消除种族歧视、尊重别人的权利以及社会和公民责任；②文化方面：尊重文化差异、文明遗产、不同生活方式和观点及学习外语；③研究和解决人类主要问题：权利平等和自我选择权、维护国际和平和安全、尊重国际法、殖民主义和新殖民主义、难民、解放运动、人口问题、文盲、疾病、饥饿、自然资源与环境、联合国体制的作用等。

随着冷战和两极格局的结束，政治因素对国际理解教育的影响呈现弱化和缓解的态势，国际理解教育迎来了新的发展时期。1994年，主题为"国际理解教育的总结与展望"的第44届国际教育大会在日内瓦召开。这次继往开来的大会通过的宣言和行动纲领以建立"和平文化"为中心，阐释了国际理解教育是促进和平、人权和民主的教育；并为实施这样的教育提供了基本方针，倡导"发展每个人的普遍价值感和各种行为方式"，使人既要认识到不同社会文化环境中存在的被普遍认可的价值观念，又要承认并接受不同文化环境中价值观的差异，与他人友好交往。21世纪伊始，2001年第46届国际教育大会继续讨论"全民教育和为共同生存而学习"。2005年，联合国启动了"可持续发展教育十年（2005—2014）"计划，其基本价值观是尊重文化多样性与宽容、非暴力、和平文化的构建。

我国国际理解教育政策的萌芽可追溯至20世纪80年代。邓小平同志在1983年提出"教育要面向现代化，面向世界，面向未来"。此后，随着改革开放的扩大和深入，我国教育国际化的步伐逐步加快，国际理解教育的理论与实践探索也逐渐展开。2010年《国家中长期教育改革和发展规划纲要（2010—2020年）》（以下简称《纲要》）颁布，"国际理解教育"一词首次出现在国家政策文本中。《纲要》还阐明要培养"具有国际视野、通晓国际规则、能够参与国际事务和国际竞争的国际化人才"。2016年《中国学生发展核心素养》发布，"国际理解"被归为"责任担当"素养中的一个要素，其内涵被规定为"具有全球意识和开放心态，了解人类文明进程和世界发展动态；能尊重世界多元文化的多样性和差异性，积极参与跨文化交流；关注人类面临的全球性挑战，理解人类命运共同体的内涵与价值等"。相比于《纲要》，核心素养体系下的国际理解教育理念弱化了国际竞争力，更强调人类的和谐共生。

二、国际理解教育相关概念辨析

（一）国际教育与国际理解教育

国际教育的概念产生于 1919 年，兴起于"二战"后，是经济全球化日渐成熟后以国际理解教育为中心、以国家间教育合作交流为手段的全球公民教育。从研究对象来看，国际教育以他国文化为主，国际理解教育则强调世界的整体共生及人类的彼此依赖；从培养目标来看，国际教育注重国际竞争力的培养，而国际理解教育是要促进学生了解他国文化，拓展看待事物的视角；从实践形式来看，国际教育相对独立，以出国留学、交换生项目为主，国际理解教育更关注学科渗透及专题活动探究的方式；针对教育对象和方法而言，国际教育倾向于大学生等高等教育领域，是与访问学者、外国学生合作研究，可以算是精英教育，而国际理解教育更偏好在基础教育中惠及各阶段的所有人。因此，二者虽然只相差"理解"两个字，但国际教育重视国家实力的需要，国际理解教育更关注个人发展，国际理解教育是国际教育的价值方向。

（二）全球教育与国际理解教育

全球教育通过系统化课程帮助学生获得全球概念与问题，了解世界文化差异、培养尊重人权及地球公民必备素养的教育。它与国际理解教育有许多相似之处，如内容方面都包括文化多样性、人权的学习，方法上都采用多角度呈现。但全球教育强调解决经济全球化视角下各个国家面临的世界性共同问题，国际理解教育则倾向于个人意识及态度教育，希望学习者以包容的态度看待多元世界中的现象。前者希望用系统化的方法解决人类社会的难题，后者则仅探索人与事物间的关系。此外，国际理解教育起源相比全球教育的时间要早一些，这也说明了全球教育是基于国际理解教育的一种发展。

（三）多元文化教育与国际理解教育

关于"多元文化教育"的综述，学者在某种意义上已获得了认可，但是关于"多元文化教育"这个概念的界定存在较大的分歧，华东师范大学郑金洲教授比较全面地探讨了"多元文化教育"。关于"多元文化教育"的含义，郑金洲首先将不同国家学者的定义从概念、目的、活动、内容等方面进行分类和归纳，得出结论，"多元文化教育的复杂性表现在这一概念既是指教育观念，又是指教育改革运动，还是一个持续不断发展的过程"[①]。归根到底，对"文化"概念的理解存在差异，以及"文化"在多文化教学中的具体划分，存在着很大的分歧。在不同的文化背景下，不同的文化类型之间存在着不同的差异。

多元文化教育最早是为了解决由大量移民引起的地区冲突、文化异质而衍生的教育改革，通常指在多民族国家中，为保护各民族文化特色的传承，使人民享有平等的受教育机会而开展的教育，也就是针对不同民族学生进行的因材施教，使学生更深刻地了解本民族文化，形成对多元文化社会的认同与尊重。但在经济全球化蓬勃发展的今天，多元文化的现实已不再受限于一个国家的范围，而是国际社会中各族人民、各国各地区都在发生着的文化碰撞。国际理解教育则不仅仅要解决文化交流中的冲突，更关注从源头上避免问题因误会或怀疑而发生。因此，两相比较后会发现多元文化教育其实是国际理解教育中的重要内容。

第二节　国际理解教育的理论基础

一、视域融合理论

视域融合是哲学诠释学的一种理论，由 20 世纪著名德国哲学家汉斯－格奥尔格·伽达默尔（Hans-Georg Gadamer）在《真理与方法》一书中首次提出。

（一）核心概念

1. 前见

伽达默尔提出的"前见"，指的是理解者在认识一种事物之前对事物的先行判断或理解[②]。这一说法受到了德国哲学家马丁·海德格尔（Martin Heidegger）"前理解"观点的深刻影响。诠释学揭示了理解并非普遍的，而是偶然的、因人而异的。关于前理解，伽达默尔指出："视域的区域可以被视为地平线，如果一个人没有地平线，那么他将不会登高望远，也就高估了眼前的人。"[③]在这里，前见定义了每一种解释，当然也可视为一个参照标准。如果没有这个标准，理解就无

---

① 郑金洲.多元文化教育的西方探索与中国实践［J］.教育文化论坛，2009，1（1）：15-25.
② 潘中伟.前见与认识［M］.郑州：河南人民出版社，2007.
③ 伽达默尔.真理与方法［M］.王才勇，译.沈阳：辽宁人民出版社，1987.

法进一步发展，但是一旦有了这个参照标准，理解活动就被放开了，能够向前迈进发展。伽达默尔强调了人的前见是理解的前提，人在理解之前已经有了一定的知识结构、阅读经验，直接限定了理解者可能理解出什么东西来。理解不是被动接受，理解蕴含着某种主观性，包括经验、知识结构、文化背景等。前见的存在限制了理解的可能。"问题不是我们做什么，也不是我们应当做什么，而是什么东西超越我们的愿望和行动与我们一起发生，那么我们是否可以说，这种超越了主体控制之外的但又决定着理解和解释进程的微妙因素正是前见。"① 伽达默尔认为，被理解的事物和理解者有一定距离，这个距离使理解者对理解对象感到陌生，前见在这个时候就起了桥梁的作用，联系了理解对象和理解者②。

2. 视域

"视域"最初表示一个人目力所及的极限空间范围，后由哲学家弗里德里希·威廉·尼采（Friedrich Wilhelm Nietzsche）与埃德蒙德·胡塞尔（Edmund Husserl）引入哲学领域，将其作为思想的有限性以及如何扩展有限性的规则③。伽达默尔认为"视域"概念其实是一种"处境"概念，视域是理解的前提，"视域就是看视的区域（Gesichtskreis），这个区域囊括和包容了从某个立足点出发所能看到的一切"④。把这一概念运用于思维着的意识，我们可以讲到视域的狭窄、视域的可能扩展以及新视域的开辟等。伽达默尔强调，每个人都有自己独特的经验和精神世界，由此构成每个人自己的视域。人的视域既是有限的，也是无限的，因为它不是一套固定的意见和评价，而是不断运动变化的，我们不断地检验所有前见，视域就是在不断形成的过程中被把握的。

3. 视域融合

视域融合与我国先秦时期"和而不同"思想有异曲同工之处。视域是指能够看到的所有事物的范围，每个人视域范围都存在差别，这与每个人已有的认知基础、生活经验密切相关。但在交往过程中，每个人都基于自己的独特的视域范围，对各种事实做出解释与判断。这必然会由视域差异带来矛盾与冲突，因此，需要融合不同的视域，形成一个全新的视域，通过视域融合达成理解。在这一过程中，

---

① 洪汉鼎.伽达默尔的前理解学说（上）[J].河北学刊，2008（1）：53-62.
② 汪淑霞.前见：伽达默尔的解释学思想[J].山东理工大学学报（社会科学版），2010，26（1）：80-83.
③ 陈鸥帆.效果历史与文学经典[J].山东社会科学，2007（5）：147-149.
④ 李云飞.语言·真理·意义——国内伽达默尔哲学解释学研究的历史及其现状[J].南京社会科学，2002（8）：8-9.

被理解的对象可以是人，也可以是哲学思想、历史文化与艺术等。解释者基于自己的视域范围，通过与被理解者互相接触，批判性地吸收，扩大原来的视域，消除成见，减少歧视，实现两个视域的融合。

在国际交往时，每个国家的公民在了解与认识世界各地的历史、文化、语言时，都从自己已有的视域出发，受到视域范围的限制，不可避免地会出现矛盾冲突。在这种情况下，通过增进国际理解以减少矛盾冲突是重要方式。通过国际理解教育不仅能帮助学生认识自身的历史经验，同时还能够客观、辩证地看待他国的视域，合理地、批判性地吸收他国文化，达到视域间的融合，从而实现国际理解。

（二）基本特点

1. 肯定前见的存在

在伽达默尔之前，诸多学者都对"前见"的存在报以消极和否定的态度。英国哲学家弗朗西斯·培根（Francis Bacon）认为，对前见的排斥是人类理性发挥作用的前提。伏尔泰将前见表述为"没有判断力的意见"，虽然他认同存在"好的前见"[①]，但它对于理性仍主要起阻碍作用。在自然科学的发展过程中，理性的作用和权威被无限放大与提高。在诠释学领域，因为解释者与作者所处时代总是有所不同，以德国哲学家弗里德里希·丹尼尔·恩斯特·施莱尔马赫（Friedrich Daniel Ernst Schleiermacher）为代表的一些学者为避免由此带来的误解，非常强调理解者在理解时的客观性。施莱尔马赫认为，解释者完全摒弃前见，从作者的视角对文本意义进行衡量[②]。因此，解释者的地位在文本理解中是处于被动状态的，解释者的前见更是被视为正确理解作者本意的障碍。海德格尔从生存论角度出发指出，理解的前结构具有基础作用。伽达默尔在此基础上进一步提出前见是理解的条件这一命题，肯定了前见存在的合法性，使前见与理性的关系得到了新的描述与定位[③]。

2. 动态生成的视域

在视域融合的过程中，解释者的视域变大了，文本意义得以丰富，文本视域也得到了扩大。文本在产生的那一刻起，意义并非固定的、封存不变的，而是随

---

① 方世忠. 合法的前见——伽达默尔诠学中的前见思想述评 [J]. 江淮论坛，1994（6）：18-21.

② 汪淑霞. 前见：伽达默尔的解释学思想 [J]. 山东理工大学学报（社会科学版），2010，26（1）：80-83.

③ 曹诗图，韩国威. 以海德格尔的基础存在论与诗意栖居观解读旅游本质[J]. 理论月刊，2012（6）：156-158.

着各个理解者与文本的对话不断生成的。文本的意义是伴随着理解者的理解不断流动、变化的。相较于创作出文本的作者，伽达默尔更重视理解者在文本意义发掘过程中的重要作用。伽达默尔认为，理解者能随着时间的变化不断地发掘出文本的意义，这是一种常态①。并且，理解者在对文本进行解释时可以不受限于"作者原意"的桎梏，而是从自己的前见和视域出发，对文本进行理解和解释。从这个角度来看，文本的意义是不会穷尽的，理解是理解者不断进行创造的过程。但需要注意的是，这种基于理解者的多元解读并非一种散漫随心的、完全个性化的理解，这种多元性是有边界的，理解是一种有目的的行为，理解者和文本之间的对话是平等而互相牵制的关系。这种互相牵制表现为：理解者由于其所处时代、知识积累和生活经验等确立了其固有的前见，这种固有的前见限定了理解者对文本的理解；文本在被作者创造出来后，有相对固定的形式、内容和风格等，这也会限制理解者的理解活动。在这种互相牵制的情况下，理解者与文本进行平等的对话，由此实现视域的融合、意义的生成。

国际理解教育的核心是"理解"，而差异性理解的前提和基础则是"视域融合"。"视域就是从某个立足点出发所能看到的一切"，世界上不同民族、国家和地区的公民基于自身所处的文明都有自己独特的"视域"，从自己独有的"视域"去了解其他文明，必然会引起视域间的矛盾和冲突。基于此，伽达默尔提出了视域融合的概念。所谓的视域融合，并非完全抛弃自身的视域，也非完全接纳其他视域，而是通过视域间的对话在坚守自身视域的基础上批判性地接收其他视域，进而形成一个新的、更广阔的、更高层次的视域。视域的范围越开阔，理解者的理解能力越强，越能以正确的标准去感受、理解和判断事物。国际理解的过程也是视域融合的过程，视域融合是实现国际理解教育的重要途径。通过视域的融合，理解者能够站在一个平等、尊重与包容的视角去理解其他国家的文化，进而消除偏见，促进不同文化间的对话，这也是开展国际理解教育的宗旨所在。视域的融合不是一蹴而就的，而是处在变化与发展中。在变动中，新的理解不断产生，使国际理解也处于不断丰富中。因此，在开展国际理解教育时，不仅要牢固地把握自身视域，还要学会尊重和批判性地接纳其他视域，积极促进视域的融合。

---

① 王海林.伽达默尔"理解的历史性"理论探究［J］.南昌高专学报，2010，25（1）：7-8.

二、共生教育理论

（一）共生

共生这一概念源于生物学领域，1879 年德国真菌学家德贝里（Anton de Bary）提出了广义共生概念，即"共生是不同生物密切生活在一起"[1]。在我国，神经生理学家冯德培等主编的《简明生物学词典》中指出共生是两种生物或两种中的一种由于不能独立生存而共同生活在一起，或一种生活于另一种体内，互相依赖，各能获得一定利益的现象[2]。

其实，共生不仅仅是作为一个自然科学概念存在于自然界中，它还是一个人文社会科学领域的概念，人类社会界中也存在共生。李思强学者从哲学角度提出共生是"不同事物单元之间形成的一种共同生存、和谐共进的关系"[3]。吴飞驰学者基于中国天人合一的传统哲学，认为共生是"人与自然以及各自内部之间形成的一种共同生存、和谐共进的关系"[4]。这些定义都具有人文主义色彩，它既涉及人类群体的生活，也涉及人类个体的发展。除此之外，还有人与自然的共生。基于共生在不同理解角度有不同的概念，共生理论应用十分广泛，涉及经济学、教育学、哲学、社会科学等领域。

作为哲学理论体系，南昌大学的郑晓江教授认为共生的实质是"和"，是指不同的要素的和。不同的要素，虽有不同的特点和作用，但可以合为一体，互相影响，互不分离，并且可以相互渗透[5]。这是基于和合理念对于共生的当代阐释。还有很多学者对共生提出了解释。总体看来，合作是共生里面的本质特征之一，共生单元同时也有一定的独立性和自主性，共生的过程就是共生单元共同进化的过程。

近年来，由于全球性问题日益凸显，教育工作者试图将共生理论引入教育中，这为教育的发展提供了一个新的视角。共生并不否认差异，也不过分强调全球的一致性，它是一种在彼此理解的基础上建立起来的相互依存的关系。它以充分认识自身和尊重个性为基础，在交流与对话中寻求二者利益的共生点，以创造更为和谐和可持续发展的关系。国际理解教育也是从理解自身出发，强调尊重和理解差异，并积极致力于全球的和谐与进步。由此看出二者具有非常紧密的关系。

---

[1]　杨艳.媒体的竞争和共生研究［J］.攀登，2007（6）：188-190.
[2]　李运奎.共生教育理念下的课堂教学研究［D］.桂林：广西师范大学，2011.
[3]　李思强.共生构建说：论纲［M］.北京：中国社会科学出版社，2004.
[4]　吴飞驰.关于共生理念的思考［J］.哲学动态，2000（6）：21-24.
[5]　张斌峰，郭金林.共生思想研讨会综述［J］.哲学动态，1999（10）：19-21.

（二）共生教育

共生教育，就是指通过教育使人们在这个大生物圈中生存下来。有学者提出教育上的共生，是指在课堂教育教学中为提高教师的专业素养和学生的学科核心素养，教师与教师、学生与教师、学生和学生、环境和师生之间形成的独特的相互依存的关系。

共生教育理论为国际理解教育提供了新的启示。共生教育让我们看到当今社会是一个"共生社会"，各国、各民族之间的依赖性日益增强，谁都无法"独善其身"。因此，要摒弃民族主义中心论的观点，不能只着眼于国家利益，还应看到全人类所面临的共同问题，并积极促进全球性问题的解决。同时，我们也要警惕在经济全球化价值本位下所出现的迷失"自我"的现象，绝不能为了顺应时代潮流而罔顾国家和民族利益。经济全球化局势下，国际理解教育既应强调全球利益，也要兼顾国家和民族的利益，实现利益的相对平衡。培养学生的共生意识，以实现全球的共存共生已经成为当今国际理解教育的重要使命。

三、文化认同理论

（一）文化的定义与结构

西方的文化一词，源于拉丁文"Cultura"，意为耕种、栽培、培养、驯养、照管等。《周易》之"观乎天文，以察时变；观乎人文，以化成天下"。这是"文"和"化"首次联合出现。而文化第一次被用作专门术语，是在英国文化人类学家爱德华·伯内特·泰勒（Edward Burnett Tylor）1817年的文化学研究开山之作《原始文化》中，其被定义为："文化或文明，从其宽泛的民族学意义上来理解，是指一个复合整体，它包含知识、信仰、艺术、道德、法律、习俗以及作为社会一个成员的人所习得的其他一切能力和习惯。"[①] 中国著名思想家梁漱溟认为文化是"吾人生活所依靠之一切"，是非狭义的，而"应是经济、政治，乃至一切无所不包"。[②] 跨文化交际学者布里斯林（Brislin）则首次从跨文化的角度定义文化，认为文化是大多数说同一种语言和住在一起的人们所分享的价值和观念，这些价值和观念是世代相传的而且为人们提供日常行为的指导[③]。

---

① 张艳芳.多元文化背景下跨文化认同理论的内涵及意义分析［J］.文学教育（上），2018（2）：180-182.

② 杨玉婷.理性：人的生命精神之所在——读梁漱溟《中国文化要义》［J］.思想政治课教学，2015（1）：95-96.

③ 付永钢.跨文化交际语境与跨文化交际［J］.外语研究，2002（4）：28-32.

关于文化的结构，有文化三层次和文化四层次之说。著名历史学家余英时谈到文化变迁时，认为文化变迁可以划分为四个层次：物质层次、制度层次、风俗习惯层次和思想与价值层次。著名历史学家庞朴从文化结构的逻辑层面反思了中国近代所发生的中西文化冲突，主张把文化整体视为立体的系统，从外层物的部分、中层物结合的部分和核心层的部分三个层次去把握文化概念的内涵[①]。著名哲学家张岱年、方立克同样从物质文化、制度文化和观念文化三个层面探讨了中国传统文化走向近代的转变[②]。可见，文化三层次的划分方法应用更为广泛。

结合前人的观点，总结得出：物质文化是指人类创造的物质文明，包括日常用品、交通工具、服饰等，是一种可见的显性文化。制度文化是指人类为了自身生存和社会发展需要，主动创制出来的有组织的规范体系，包括国家的行政管理体制、人才培养选拔制度、法律制度、经济制度和民间礼仪俗规等内容。精神文化是指人类所创造的精神财富，包括宗教信仰、文学艺术、价值观念、思维方式、道德情操、民族性格等内容。

值得一提的是，这三者同属于文化这个大的范畴，它们之间并不是彼此割裂的，而是动态发展、相互制约的，如制度文化以物质文化为基础，同时构建规则和秩序，从而保证和维系了精神文化的生存。

（二）认同的定义

认同作为一个心理学概念，最早由奥地利心理学家西格蒙德·弗洛伊德（Sigmund Freud）1921年在《群体心理学与自我分析》一书中提出。书中认为"认同作用"是精神分析领域认识到人际即主体与客体间情感纽带的最早的表现形式。

认同的程度分为四种：首先是认知的，即个人觉得自己属于某一团体，并能了解此团体的特性；其次是情感的，即个人不仅对认同团体或对象有归属感，并且在情感上有团体内与团体外的划分；再次是知觉的，除了认同团体外，且能在其中自得其乐；最后是行为的，表现出认同团体或行为的特性。在认同管理理论中，成功的认同建构应该由三个阶段组成，即交际者双方积极寻找认同共同点；交际者在保持自身认同差异的基础上，在双方都可以接受的前提下，融合彼此的

① 顾平.20世纪中国文化特征与中国画观念的不同选择[J].艺术探索，2005（3）：12-19.
② 初广志.中国文化的跨文化传播——整合营销传播的视角[J].现代传播（中国传媒大学学报），2010（4）：101-106.

认同并使其趋于统一；交际者各自重新构建认同，并在第二阶段的基础上形成自己独立的文化认同。

认同作为自我意识的产物，是一个人或一个群体的自我认识，使每个个体或群体具有一些特别的素质而使其不同于其他个体或群体。

（三）文化认同的定义

文化认同理论最早是由美国精神分析学家爱利克·埃里克森（Erik Erikson）于 1950 年前后提出，其理论贡献在于肯定了"自我认同"在认同理论中的重要性，同时，把文化认同作为一种社会心理过程而进行考察。根据埃里克森的观点，文化认同是指个体对所属文化以及文化群体内化并产生归属感，从而获得、保持与创新自身文化的社会心理过程。

而最早在中国提出"文化认同"的是云南省社会科学院郑晓云，他在著作《文化认同论》一书中认为："文化认同是人类对于文化的倾向性的共识与认可。这种共识与认可是人类对自然认知的升华，并形成支配人类行为的思维准则与价值倾向。"[1] 但武汉大学新闻与传播学院石义彬认为可以从身份认同的来源或组成要素对其进行讨论，包括社会文化机制、生理心理机制和自然条件，其中文化身份认同主要源于社会文化机制。在跨文化交际和传播领域，文化认同因为是文化身份的确认过程而被认为是一个核心问题，文化认同为不同的社会个体提供意义与经验，从而帮助个体进行文化定位、避免文化焦虑和不确定性。文化认同在跨文化交际活动过程中扮演着十分重要的角色：跨文化交际会被文化认同的内容所影响，甚至跨文化交际能否成功，由文化认同的强度决定。文化认同的强度越深，双方的跨文化交际就越能得到维持和发展。文化认同非文化同化，中国价值观的跨文化传播实质上是一种公关战略，凝练核心理念是当代中国价值观跨文化传播的关键。文化传播应该注重"写实"，并增强传播内容的感官效果在跨文化过程中的话语转换，防止中国特色的信息流失，注意解释、补充、表达原意。

一般将文化认同划分为三个阶段，分别是认知、情感和行为，随着认同程度的发展，个体便处于不同的文化认同阶段。在认知阶段主要是正在或已经了解对方的文化，在情感阶段是喜欢对方的文化，在行为阶段是想要模仿、参与或学习对方的文化。这样的划分方法为文化认同的测量给予了一定的启示。

---

[1] 彭谦，刘凤丽. 中华文化认同：促进民族团结的新途径 [J]. 满族研究，2017（1）：1-6.

四、马克思世界文化理论

《人类学笔记》是马克思晚年研究文化人类学的一部分笔记。马克思在回答康德提出的"什么是人类？"的问题时做了一系列阐释。他认为我们需要着重认识到人类是一个有时充满矛盾的集合体，需要通过各种不同的理解方式去认知人类世界。他在创作《资本论》的过程中，采用人类文化学视角，将思想发展研究提升到人类学研究阶段，实现了研究领域的扩大和范式的深化。马克思通过《人类学笔记》的探索，探究了不同社会文化的差异，实现了研究领域和视角的转换，由人类社会研究的抽象范式转变为具体的研究范畴。马克思从辩证的历史唯物主义的视角，系统地阐明了人类社会文化发展的大体过程及基本规律。

马克思在《1857—1858年经济学手稿》中提出人类社会的三种社会形态理论，"人的依赖关系，是最初的社会形态""以物的依赖性为基础的人的独立性，是第二大形态""建立在个人全面发展和他们共同的社会生产能力成为他们的社会财富这一基础上的自由个性，是第三个阶段"。

文化发展具有多样性和内在同一性，人类文化的发展也是有其基本规律可遵循的。通过对过去大量人类历史资料的研究，马克思重新认识了人类古代原始社会的起源，并不断兼收并蓄，扩大了他的文化观。

当今世界的文化是在人的全面发展基础上的多文明互相包容、互鉴的结果。于纷繁复杂中探寻人类发展所需要共同面对的现实性的世界性的问题，需要各种文明相互汲取各自的发展过程中的优秀成分，共商、共建、合作、包容、理解。通过各民族交融，既能引入先进的文化，又能输出我国的优秀基因，国际理解教育就是在其基础上应运而生的一种教育理论。

五、人的全面发展理论

（一）人的全面发展理论的现实背景

1. 资本主义大工业的发展

（1）资本主义大工业客观上促进了人的发展

自资本主义产生以来，资本主义经济的快速发展较之于缓慢的封建社会有着天壤之别，它的快速发展客观上促进了人的发展。具体表现在以下三个方面。

首先，资本主义大工业的发展为人的发展创造了所必需的物质条件。在资本增值本性的驱使下，资本家把一切能增值的东西都纳入自己的增值体系中以寻求利润的最大化。采用新工具和不断地推进科学技术的创新，以缩短社会必要劳动时间，从而获取更多的剩余价值。资本家积极地扩大生产规模，吸纳一切劳动力来为自己服务，无论是妇女还是儿童都是自己用来增值的对象。这一切主观上满足了资本家发财的愿望，客观上促进了社会生产力的大幅增长，为人的发展创造了物质条件。

其次，资本主义大工业的发展打破了时空界限，加强了人们的社会联系。在资本逐利本性的指引下，资本家为了拓宽商品倾销市场和寻求最佳资源配置而积极地活动于世界各地，在世界的各个角落都建立了联系，真正意义上的世界历史开始形成。在这一进程中，人们的社会交往范围不断地得到扩展，彻底打破了血缘、地域、民族、文化等的限制，加强了人与人之间的社会联系，促进了人的发展。

最后，资本主义大工业的发展对人的综合素质提出了更高的要求。当资本家发现人的发展有助于实现资本的最大化时，他即使不以人的发展为目的也不会反对任何有利于人发展的措施。例如，当工人因素质较低不能适应社会化大生产时，他便会积极地通过一些法律政策等来强迫工人接受一定程度的教育，以此来提高人的素质进而提高劳动生产率，客观上促进了人的发展，但是绝不会实现人的真正发展。

（2）资本主义大工业加剧了工人的片面畸形发展

资本主义大工业的快速发展是以牺牲工人的完整性发展为代价的。在资本主义制度下，工人呈现出一种片面畸形的发展状态。具体表现在以下三方面：一是工人需要的单一性。在资本主义制度下，工人创造了大量的物质精神财富，但这些劳动成果不属于他们自己，而被资本家所无偿占有，呈现出来的现实发展状况却是他们劳动得越多他们就越贫穷。与资本家极尽奢华的生活相比，工人仅仅维持着动物般的生存，所需要的和动物一样仅仅是最基本的物质生活资料，缺乏对发展资料的追求。二是工人生存的隶属性。在资本主义条件下，工人只能通过向资产阶级出卖自己的劳动来换取基本的生存资料，换句话说工人的命运是掌握在资产阶级手中的，为了生命的维持与续存，他就必须依靠资产阶级。三是工人个性化的消解。资本家在资本增值的指引下把工人分配在固定的工作岗位上，从事着单一的重复性的简单劳动，精细的社会分工虽然会造就工人专业化的技能，但却导致了劳动者缺乏对很多其他知识技能的学习，使人的思维力、想象力、创造力等潜在能力遭到严重的埋没，人的个性发展被严重束缚。总的来说，资本主义经济的快速发展是建立在工人片面畸形发展之上的。

2. 无产阶级开始为争取人的发展而斗争

随着人类社会迈进机器大工业时代，无产阶级与资产阶级之间的关系就越发紧张。资本家为了攫取更多的剩余价值，通过延长劳动时间和提高劳动强度的方式强迫工人为他所劳动。随着机器的大规模使用，分工的精细化和工人工作的简单化，导致工人的工资一再地被压低，这就使得资产阶级越来越富有而无产阶级越来越贫穷，造成了社会的两极分化，两大阶级之间的对立加剧。加之资本主义政治文化环境对工人的压制，资本主义所宣称的是维护所有人的发展，可是从本质上来看是通过压制工人来为资产阶级所服务的，而资本主义社会的法律也成了资产阶级剥削无产阶级的工具。这一切使得工人的生活越发艰难，也使得工人意识到要想维持生存实现自身的发展就必须奋起反抗。

从最初的捣毁机器、烧毁工厂同个别资本家作斗争到组建工人罢工争取经济发展利益再到后来的反对资本主义争取政治发展诉求，如法国里昂工人进行了两次起义，不仅提出了经济诉求，还要求建立共和政体；英国宪章运动旨在通过普选权的获得来改变自己的处境；德国西里西亚工人运动则明确地反对资产阶级的剥削统治。虽然这三大工人运动由于缺乏科学理论的指导均在资产阶级的血腥镇压下以失败而告终，但却标志着工人阶级作为独立的政治力量登上了历史的舞台，说明了无产阶级为了自身的生存与发展而展开了与资产阶级的斗争，并且这种斗争已经进入新的发展阶段，表明无产阶级争取自身发展意识的不断加强。

（二）人的全面发展理论的科学内涵

人的全面发展理论是马克思主义理论中的重要组成部分，是马克思主义理论的思想核心。对于人的全面发展理论，马克思和恩格斯并没有对其进行真正意义上的定义，这也赋予了这一命题抽象性的特征，需要从实现条件、目的、方法等角度来分析人的全面发展理论的形成过程。科学意义上人的全面发展可以从人的本质角度来解释，人们的发展程度在根本上取决于人的本质。

马克思认为人的本质的最终目的是服务于人本身，是一种自由的、有意识的活动。在这里马克思强调了两点：人的自由活动和服务于人自身。人的自由活动是人全面发展的必要条件，人的自由活动归根结底是人们能够进行自主劳动，劳动是人们进行发展的最本质的活动，劳动能力对人的发展起到了关键作用。劳动能力包括以下三个部分：人生产物质的能力、人创造精神的能力、人建立社会关系的能力。这与马克思所认为的人的本质属性是"自然属性、精神属性、社会属性"的统一形成了对应，马克思把两者巧妙地结合在了一起，由此对人的本质产生了综合性的理解。服务于人自身是人的本质发展的另一个重点。现实的人与自然界有着密不可分的联系，人们在自然社会中进行物质生产，是与自然界进行物质交换的流动的媒介。一旦脱离了自然界，人们就无法进行满足自身发展需要的物质生产。人通过实践来维持自身的发展需要，人之所以和其他动物有所区别，关键就在于人能够进行有目的的生产实践活动，在实践过程中对自然界进行能动性改造，从中把握自然界的规律，通过对规律的总结来使人顺应自然。在社会中劳动还建构出了人与人、人与社会的关系，通过各种关系的发展为人们打通了各种实践的渠道，创造出更加丰厚的社会财富，推动人的全面发展。总的来说，对于人的全面发展理论科学内涵的把握，要从人的本质角度出发，讨论与人的本质发展相关的因素，这样就能全面理解它的科学内涵。

（三）人的全面发展理论的实质分析

马克思主义思想一个鲜明的特征是总是从人的角度出发，考察现实人的物质生活、精神生活和社会生活。马克思人的全面发展理论也是如此，它的出发点和落脚点都是现实的人，整个理论都是应用和服务于人。马克思关于人的全面发展理论的论述中，对人的全面发展的目的、方法、条件等都做出了全面而系统的总结，在一系列的实践中都能体现出人的全面发展理论的应用，所以对其实质的研究就必须围绕现实的人来展开。人在全面发展的过程中对自身的需求、能力、个性、劳动及社会关系的把握是至关重要的，而这些方面都需要人通过自身的劳动实践来实现，劳动实践也是人们生存发展的最基本途径。在人们还饱受资本主义社会的压榨时，马克思就呼吁人们通过革命的方式推翻资本主义制度，废除私有制，把人们从无止境的剥削劳动中抽离出来，能够自由选择职业和工作，把劳动工作变为自由的性质。马克思一生致力于对人类解放事业的研究，一直主张创造一种理想的共产主义社会，这也是他毕生最大的心愿。结合这种想法，对于马克思人的全面发展理论的实质可以概括为：为了追求理想中的共产主义社会，人们在发展自身的过程中通过实践和革命的方式来助力自身的发展，达到全人类全面发展的理想状态。

（四）人的全面发展理论的基本内容

马克思指出，人的全面发展的实质是人作为一个完整的人，占有自己的全面本质。在实践中，人作为一个完整的人，需要全面地拥有自己的综合本质。或者说，人的最基本的力量，作为目的本身，得到充分的发挥。因此，人的全面发展理论的基本内容包括人的能力和需求、人的社会关系、人的个性等，从片面到全面、从畸形到完整、从贫到富的全面发展。

1. 人的能力和需求的全面发展是实现人的全面发展的核心

马克思恩格斯认为，人的劳动能力是每当人生产某种使用价值时就运用的体力和智力的总和。因此，人的能力的全面发展，是体力与智力或者自身存在的本质力量的综合运用与发展过程，是实现人的全面发展的核心。鉴于资本主义生产关系对个人发展的片面和畸形影响，马克思把人的能力描述为人的本质力量在社会关系中的体现。如果人类的能力得到充分发展，那么个人的本质属性就会在社会关系中得到充分的利用。在马克思看来，人的发展不能脱离现实的社会，因此人的发展是在不同的社会实践中形成的，实践的形式和内容的深度、广度都会从不同角度、不同方面影响人的发展，在实践中人们自觉或不自觉地形成了多种能力。此外，实践的深度和广度并不是一成不变的，而是随着历史和时代的变迁而不断地发展变化的。在保证实践活动丰富性和多样性的前提下，每个人都能够自由自主地选择自身发展的全面性。

如果说人对物质的需求基本体现了人的自然属性，那么人对精神的需求则基本体现了人的社会属性。并且人对物质需求的满足是精神需求的基础和前提。因为人只有在实现生存之后才能生活，才能追求人的全面发展。此外，人只有在基本的物质和精神需求都满足之后才会有追求，即只有在物质和精神财富极大丰富的情况下，才能展开对幸福生活的和人的全面发展的追求，这又是以劳动成为第一生活需要为前提的。

2. 人的社会关系的全面发展是实现人的全面发展的关键内容

人是社会关系的产物，是社会关系的承载者。换言之，人在社会关系中存在和发展，社会关系使不同品格的人联系起来，要求人不仅要具有个人品格，也需要形成社会品质。即人的发展不仅仅是个人能力的发展，人的任何实践活动都是在社会关系中形成、发展和表现出来的。社会关系具有历史性和综合性，因而在不同的社会关系中的实现方式也必然会有所不同。在社会环境中处于有利地位或者取得统治地位的人，必然能够掌握更多的社会关系和社会资源，能够利用各种社会资源来推动自身能力的充分发展，其能力的发挥必然相对顺利，其能力的实现程度也必然是相对高的。而在社会关系中处于劣势与被动地位的人，所掌握的资源与条件相对缺乏，其能力的发挥必然受到各方面的限制，自身的全面发展也必然会受到各种阻碍。

马克思从人类社会关系发展的角度解释了人类发展会形成不同的发展时期，因此，在不同的时期所形成的社会关系也大不相同，人在不同的社会时期能够实现怎样的发展也就与社会关系具有一致性。

3.人的个性的全面发展是实现人的全面发展的重要内容

马克思在论述共产主义社会中人所具有的特性时提出"有个性的个人"。人的个性是指一个人与他人的差异，集中体现在他的行为和社会关系上。因此，实现个体个性的多方面发展是人的全面发展的最高程度。人的个性的全面发展的水平和程度主要体现在两个方面。

一方面，个人全面发展的程度主要表现为社会关系中人的主体性发展水平的提高。具有主体性的人的发展水平主要由主动性、创造性和自主性决定。在现实中，它表现为以人为主体对客体的主动改造和创造。主体越强，人的个性就越强，人的发展水平就越高。因此，马克思认为，劳动及其产品是人的主体性的物化和客观化，人的主体性的充分发挥，使每个人都表现出自己的独特性和不可替代性。

另一方面，个人全面发展的程度主要体现为个人独特性的增加和丰富上。每个人在实际生活中都是唯一的、不可复制的、独特的现实存在。因而，个人的独特性的发展形成了个人全面发展的丰富性，个人的全面发展的丰富性势必会形成社会全面发展的丰富性。因此，个人的独特性决定个人的全面发展的程度，个人的独特发展是社会全面发展的根源。即每个人都处于独属于自己的特定时空，这种发展必然使个性的模式化、定型化、标准化被消除，社会将更加充满生机和活力。

人的全面发展理论为国际理解教育提供了重要的理论依据。学生国际理解素养的培育应当是多角度的，是全面的。国际理解教育不能只局限于丰富学生的国际认知，培育学生的智力，还应当开阔学生的视野，锻炼学生国际交流交往的能力，培育学生的世界胸怀。

第三节　国际理解教育的主要特征

一、开放性

实施国际理解教育的过程，其实也是一个不同地域、不同种族、不同渊源的文化间进行交流的过程。而在经济全球化、信息化的时代，文化交流的速度大大加快。有学者研究发现，希腊神话中英雄赫拉克勒斯的装束，东传变成了中国的虎头帽，其间的历程几乎是以世纪为单位在计算的。而中国传统意义上新年的"总把新桃换旧符"的习俗也已经早早流传到了东亚地区的韩国和日本。当地球变成了"地球村"，小到个人生活，大到国家社会，所受文化交流的影响肯定更为直接、更为久远。自然而然的，对于国际理解教育的主体文化而言，开放性也越来越大。

二、包容性

国际理解教育认为，学习者本人已有的价值观是开展国际理解教育的前提。如果学习者本人持一种偏见、歧视的态度，缺乏对异文化的尊重、宽容，这将导致对国际理解的排外现象，甚至是引发种族冲突与文化矛盾。国际理解教育实施的过程，需要施教者与承教者都抱有一种兼容并进的包容性。这也是为什么国际理解教育强调给予普遍意义的一套道德价值观念和态度，去发展一种各种文化所共同认可的"和平文化"。因此，许多教育学家认为应该通过基于国际理解教育的各类学习活动，让学生从小就养成良好的国际理解的态度，懂得尊重、宽容、民主，学会正义、平等、客观。

三、本真性

所谓教育，实则是人与人的主体间灵魂和肉体的交流活动，包括知识的传授、生命内涵的领悟、意志行为的规范，并通过文化的传递，将文化传承给新一代的传承者，使之得以启迪天性、自然生长。教育从根本上来说是精神发展的要求，它使人从"自在"导向"自为"，倡导日常生活才能使人们充分领悟人类文化的真正意义。海德格尔、伽达默尔都将生活视为人存在的基本方式。他们认为，生活和理解是密不可分的，理解是整个人类经验的基础，理解把我们置于世界之中，使世界的意义展现在我们的面前。只有生活在这个世界中的人才能理解和领会其中的真正意义。因此，国际理解教育提倡在立足本国、本民族文化的基础上，应倡导切入异国、异民族文化的生活世界，切身积累、体验和实践。只有这样，方可避免授教者在承教过程中对文化理解的抽象化，才能真正领悟文化理解的真谛。

第四节 国际理解教育的价值分析

一、顺应经济全球化时代的发展

随着经济全球化的到来，世界各国正日益形成一个相互依存的命运共同体。面对经济全球化，国际间的竞争越来越激烈。为了应对新挑战，抓住发展机遇，全面融入世界，需要全面开展对外交流与合作。随着世界范围内的经济、粮食、环境危机的产生，国际纠纷的不断扩散，各国深刻体会到加强国际的了解和合作的必要性和紧迫性。在此背景下，培养具有国际视野、全球意识、参与国际合作与竞争能力的人才尤为重要。

推进国际理解教育，不仅是顺应世界潮流的选择，更符合我国对外开放的基本国策。随着经济全球化的发展，我国对人才的要求越来越高，培养学生具有相应的经济全球化素养，理解和掌握世界知识，并形成适应未来的经济全球化生活的自觉性和能力，势在必行。国际素养对学生发展具有基础性作用，在国际社会已经达成了共识。具备国际理解素养是学生全面发展的重要体现，是每个学生必须接受的基础教育的重要组成部分。然而，目前我国基础教育中对学生国际理解教育的重要性的认识还存在不足，这与当前的时代要求不相适应。因此，开展国际理解教育是经济全球化时代的需要，是适应当代社会发展趋势的要求。

二、促进教育改革目标达成

社会的发展和时代的变化，催生了可持续发展、保护世界遗产、文化多样性等新的社会理念，对基础教育也提出了新的要求，涌现出一些具有鲜明时代性的教育理念。这些新理念在一定程度上反映出当代世界范围内人们对于人自身价值和生存意义的关注以及对人类共同命运的思考。而世界范围内的教育教学活动在价值层面具有共通之处，教育理念相互融合，也是一种交流方式。在经济全球化进程不断加快的背景下，适应国际社会的基本趋势，教育促进国际理解的目标也开始纳入今天的教育系统，如何培养具有国际视野和良好品质的人才已成为教育界关注的热点。

《中国学生发展核心素养》从文化基础、自主发展和社会参与三个层面构建了一个完整的体系结构，明确了"国际理解"是社会参与维度的重点之一，国际理解则为实现这一目标提供了一条可行之路。在我国，国际理解教育的实践已经开始，但仍有待于在中小学进一步推广和普及。随着新课改的推行，国际理解教育逐渐成为素质教育的重要组成部分。基础教育学科相继提出了国际理解教育的培养目标，不仅包括"国际意识""多元文化意识"知识的传授，还包括国际理解态度和价值观养成，解决现实问题的能力培养。由此可见，国际理解教育的目标与学生核心素养的培养相契合，它既重视知识学习，又强调关键能力培养，因此可以认为国际理解教育是全面实施素质教育的重要途径，有利于新一轮教育改革目标的达成。同时通过国际理解教育能够拉近与世界的距离，与世界教育接轨。

三、促进学生文化认同的增强

（一）开阔眼界，提升文化认知水平

任何教育都由一定的知识技能奠基，学语言需熟悉发音、学数理要辨明符号、学艺术先磨炼功底，而国际理解教育与学校中其他文化科目不同，并没有特定的具体内容要反复训练，而是以广博的文化现象来开阔学生的视野，扩展其对世界的认知，这对正处于好奇、探索阶段的学生来说极具吸引力。

语言是了解一个国家最直接也最快速的方式，第二外语课堂带领小学生接触到不同国家、不同语系的语言，虽然无法达到自由交流的程度，但在这种特殊的语境下融入相关文化现象，不仅增长见识，还能在不经意间拉近学生与国际的距离，减轻对异国文化的生疏。而国际理解教育课从地理位置、历史发展、特色产业、节日习俗等方面展示国家文化，使学生对其有更广泛和深刻的了解。此外，国际文化节展演将学生在国际理解教育项目中所获知识，通过动手动脑转化为作品，结合中外文化特色进行对比演绎，融文化底蕴与艺术素养于一体，全方位培养学生的能力。

国际理解教育，从认识迈向理解，见识越广，理解才更可能深刻。要引导学生睁眼看世界，在足不出户的情况下接受来自国际、来自全球的信息，拓宽中外文化知识面，提高学生的文化认知水平，为学生文化认同的培养奠定基础。

（二）尊重差异，培养文化多元意识

教育的使命之一，是帮助人们不把外国人当作抽象的人，而把他们看作具体的人，他们有自己的理性，有自己的苦痛，也有自己的快乐。在经济全球化背景下，多元文化共存已经是文化发展的必然趋势，了解文化差异，是培养人们文化多元意识的前提。

国际理解教育不是单纯的文化知识传递，而是侧重于学生价值观念的塑造，让他们在肯定本土文化的基础之上，学会理解和客观看待异国文化的存在。

国际理解教育向小学生展现出各式各样的文化形态，承认和尊重各族文化的独有价值，在教育过程中融合各类群体历史文明，展现其问题处理方式，使学生更客观地审视自身文化、容纳世界文明，为学生文化多元意识的形成提供平台，进而促进文化认同的发展。

（三）激发情感，传承中华优秀文化

越是民族的东西就越具有世界意义，缺乏优秀传统文化支柱的民族，想要平等立足于世界之林只是空谈。国际理解教育不是空泛的信息传递，更为强调对本族文化的认同和反思，使中华文化熠熠生辉、代代相传。

国际理解教育引导学生领略他国文化的绚丽，同时汲取中华民族文化之精华，在对外交流中有力地彰显本土文化特色，激发学生对民族文化的自豪感及归属感，唤醒文化自信、民族自尊，担负起传承中华优秀文化的责任。

第二章　联合国教科文组织倡导的
国际理解教育课程

在联合国教科文组织的倡导下，国际理解教育以不同的概念、取向、形态发展着，并且随着时代发展持续更新。在学校教育中，国际理解教育课程以活动为取向，注重课程与社会生活的联系。教师的职责是构建适合学生能力与兴趣的各种情境，为每个学生的发展提供适宜的条件。本章分为课程目标、课程内容和课程实施三个部分。

第一节　课程目标

课程目标体现了教师对一门课程所想要取得的效果的认知，描述的是学生通过一定的课时学习后对关键结果的表现，应体现学生主体。课程目标描述的还是通过知识学习，指向某种关键能力或素养的形成。因此，国际理解教育课程的课程目标应以学生为主体，力求学生掌握经济全球化、国际组织的相关知识，形成对待多元文化尊重、理解、理性的态度，具有共生意识与人类命运共同体知识，谋求和平共生，体现教师认知的国际理解素养。

整体而言，国际理解教育课程致力于培养从单向度的人走向全面发展的人，培养更具有智慧、更为健全的人。国际理解教育课程作为一门人文课程，以人文为理念，使学生从过去学科知识传授单向度的人转变为具有批判性思维、全球意识和责任意识、自我主张能力、合作与沟通交流能力等，有多方面品质、有完整人格、有鲜明的个性的人。

国际理解教育课程的课程目标从知识维度、态度和价值观维度、技能和能力维度三个维度目标体系出发，以使学生掌握国际知识，养成合作、参与、交往、批判的技能技巧，激发尊重、理解、友善、包容的情感，建构和平和谐发展、共生的价值观。

一、知识维度的目标

在知识维度，可以归纳为人类、社会、和平三大主题。人类这一主题内容是指倡导民族的民主与自由，尊重人权，认识各民族文化的多样性特点。社会主题包括了解整个社会现状，发展过程中出现的系列问题以及为了可持续发展必须加强对生态与环境的保护。和平主题内容需要理解追求世界和平的理念，认识国际关系，了解联合国作为维护世界和平的重要角色，理解其行动的目的、具体的行为举措以及为世界和平做出的贡献。国际理解教育课程的知识维度的目标主要包括如下七个方面。

一是民族间的平等。理解平等和民主原则，理解这些原则是对于所有民族的平等。

二是维护和平。理解消极的和平与积极的和平的本质，理解不同类型战争及其起因和后果，理解国家间的经济、文化和政治关系的重要性，理解国际法在维护和平和共同安全方面的重要性。

三是人权。理解作为地方、国家和全球社会中的公民应有的权利和责任，理解需要消除的歧视和来自多方面对人权的威胁；尊重人权是国际理解教育课程目标中不可或缺的一部分。关注人权是道德教育视角下的国际理解素养的重点。人权以人性为基础、以人性为内容，是对人性最基本要求的保护。人权是一种道德权利，体现在人是目的、不是手段上。人权强调平等，反对特权，要求每一个人都被公正对待。不管人们的种族、肤色、等级如何，都不因这些外在的身份而阻碍人类相互之间的接纳与认同，不影响人之为人所应该享有的基本权利，人权应该贯穿在日常生活中。学校和教师有责任在教育中向学生传递人权思想，并且他们在塑造学生人权思想的过程中扮演着重要角色。

四是发展。理解为了可持续发展和克服贫穷与社会不公正，需要促进经济增长和社会发展之间平衡。

五是环境。理解生态平衡的重要性、环境破坏的后果以及需要通过可持续发展的过程平衡经济增长和环境保护。

六是国际理解和人类文化遗产。理解文化多样性、人类文化普遍性；培养大批具有国际视野、通晓国际规则、能够参与国际事务和国际竞争的国际化人才；加强国际理解教育，推动跨文化交流，增进学生对不同国家、不同文化的认识和理解。

七是联合国系统。理解联合国的角色、方法、功能和行动，理解联合国为解决世界问题所做的多种努力。

二、态度和价值观维度的目标

在态度和价值观维度，突出强调"尊重"的态度，尊重是达成理解的前提与基础，包括树立自我尊重的意识和对存在差异的他人保持尊重的态度。不仅要对人报以尊重的态度，自然环境中的任何生命也值得尊重，因此需要树立保护环境的观念，承担生态责任。为了能够实现更加广阔的交流与合作、尊重与理解，必须培养学生开阔的心胸，使学生批判性地吸纳他人的意见与建议，具备感知他人的同情心与同理心。学生还要意识到维护和平的责任与使命，不仅认识到追求和平的远大目标，同时具有奉献精神，通过做力所能及的事情为这一目标而努力。国际理解教育课程中态度和价值观维度的目标主要包括以下六个方面的内容。

一是自我尊重和尊重别人。为了尊重别人，学生应该首先尊重自我，形成自我尊重与尊重他人的意识，树立全球依存意识、多元文化意识、全球公民的责任意识、宽容和合作的意识。在认同自我和本民族文化的基础上，尊重和理解不同民族、地域、国家的文化，与不同文化背景的人进行有效交往，具有尊重差异、理解多元、接纳吸收、合作共享的国际素养。

二是生态责任意识。生态是指生物在一定自然环境下生存和发展的状态。生态问题是指生态环境遭到破坏，生态系统结构和功能失衡，危害人类的生存和发展的一种自然现象。近年来，随着全球能源消耗迅速增长，温室气体排放不断增加，全球气候问题变得更加严峻，生态环境问题也日趋严重，走可持续发展之路在国际社会达成共识。学生应该尊重自然环境以及环境中容纳生命的所有地方，应当对地方的和全球的环境负有责任感。要意识到，人类面临的生态破坏问题需要国际社会共同应对，要认识到温室效应等生态问题的产生是全人类共同造成的，生态环境的治理与保护需要人类的共同努力，要形成共同体意识，加强国际交流与合作。中小学生通过各种学习实践活动，逐步形成对自我、他人和社会的责任意识，树立环保意识，保护海洋，保护环境，增强海洋小卫士的责任感。中小学生要意识到保护环境的重要性，从自己做起，从身边小事做起，自觉践行公民职责。

三是维护和平和公正的使命感。学生应该真正地珍视民主与和平，并乐于在国家、地区和国际的层面上为创造一个更公正与和平的世界而学习和工作。

四是开放包容的心态和意识。学生应该愿意以一种批判的且开阔的心胸了解各种不同的信息。就国际理解教育课程的文化知识而言，内容涉及万千，十分广泛。知识是主体的经验、解释与假设。学生在学习国际理解教育知识的同时，通过意义建构，不断产生新的知识，形成一种开放与包容的国际视野，更重要的是在理解国际知识的基础上，形成尊重、理解、友善、包容他国文化的重要品质。并且，具有全球意识和开放的心态，了解人类文明进程和世界发展动态，能尊重世界多元文化的多样性和差异性，积极参加跨文化交流，关注人类面临的全球性挑战，理解人类命运共同体的内涵与价值等。学生通过了解、学习西方传统文化，开阔眼界，增长知识，树立经济全球化意识。

开放包容的心态和意识对当下中小学生的发展有着重要意义，是国际理解素养的灵魂。世界包罗万象，人类共同谋求福利。在国家层面上，我国一直倡导打开全面开放新格局，开放已经成为一种常态、一种趋势。在人的发展层面上，一心只读圣贤书，两耳不闻窗外事的做法只会阻碍自身视野的开阔。中小学生将大部分精力投入在了学业上，对于外界的了解具有局限性，但其作为未来社会的建设者，墨守成规不可取，而应怀着虚心接受、开放自信的心态与时俱进和求新求变。在课程性质和教学内容上，任何一门课程不是闭塞的，而是互通的，具有综合性和开放性。因此，中小学生应具备的开放包容的心态可以理解为立足于本民族而放眼于世界的心态，怀着海纳百川的心态接受他国之间的差异，学习世界上优秀的文化，同时，敢于打破条条框框，大胆创新，杜绝封闭，并积极学习。

五是换位思考和同情心。能够敏感地设身处地感受别人的观点，尤其是那些属于不同于他们自己的团体、文化和民族的人。

六是人类命运共同体意识。人类命运共同体意识是站在全球人类发展的角度看待全球挑战的。在经济全球化背景下，出现越来越多的全球性问题，单个国家独立发展的情况已经不存在，各国逐渐摈弃"零和"思维，寻求更多的合作与交流以更好地解决人类进程中的问题，促进人类社会的和平发展。人类命运共同体概念出自我国"一带一路"倡议中，习近平主席于2015年9月28日在美国纽约联合国总部举行的第七十届联合国大会一般性辩论上发表讲话并向世界阐释人类命运共同体，主张通过构建平等相待、互商互鉴的合作关系，构建公正、公平、共享的安全格局；谋求开放、创新、包容的发展前景；推动和而不同、兼收并蓄的文明交流；建设尊崇自然、绿色发展的生态体系。人类命运共同体思想契合当前国际社会倡导的和平，也符合个人融入社会的条件，并充分表达了我国对于共同发展的倡议，展示了我国的大国风范。中小学生所具备的人类命运共同体意识要求学生对当前国际局势有所了解，认识到全球之间相互联系、相互依存的关系，树立共同发展的意识，学会求同存异，积极参与全球问题的探讨与合作。

三、技能和能力维度的目标

在技能和能力维度，问题解决能力至关重要。国际理解的提出尤其强调缓和与化解矛盾冲突能力，能够针对实际问题，提出客观可行的解决方案。但是问题的解决不能一蹴而就，需要有乐观的态度，这也是能力的一方面。此外，在国际交往过程中，首先应当树立起自信，面对不同观点能够批判性地看待。此外，不仅学会与他人沟通与交流，还要建立合作关系，共同参与社会事务的管理与决策。国际理解教育课程的技能和能力维度的目标主要包括以下九个方面的内容。

①批判性思维。能够以一种开放和批判的心态了解各种问题，在面对新的政局时能够识辨，挑战偏见，进行正确思想的灌输和宣传。

②问题解决。能够使用一种跨学科的解决生活中问题的方法，这是因为国际理解教育课程具有生活性的特点，这种生活性，一方面强调回归生活的本质，反对将学生从现实生活中剥离出来，置于"书本世界"和"科学世界"孤立境况，通过两者整合，实现真实生活世界与书本世界的有效对接。另一方面，生活性强调对话、交流、创新的教学观和动态、开放建构的知识观。教师和学生利用日常生活中生成的直接经验，通过互动、协商、沟通，不断建构新知。国际理解教育课程的生活性，源于三个方面：首先，国际理解教育本身就是一种生活。一方面，在经济全球化的浪潮下，青少年的生存环境有着其特殊境遇，在文化多元化的新格局下，各种信息、生活方式、意识形态、价值观念错综复杂，充斥在学生周边。身处在这样的多元文化背景之下，不同文化早已与我们的日常生活融为一体，在面对不同文化的冲突、碰撞时，我们要始终保持一种"和而不同"的心态，以宽容、尊重的态度相互对待。这与国际理解教育设立的初衷是相符合的。另一方面，国际理解教育本身含有生活的特性、成分、性质，提倡以体验、实践、切身积累的方式感知他国文化。其次，国际理解教育课程离不开生活。对中小学生而言，正处于心灵的"白板期"，他们通过观察、模仿等生活方式与社会互动交流，并逐步自我认识，理解他人，获得认识生活和世界的手段。国际理解教育课程中的知识体系不是单一的固定模式，是由文字、符号、价值观念系统组合排列而成的内容体系。对于中小学生而言，这些知识与内涵往往难以理解。因此，教师在进行国际理解教育课程教学时，需要根据中小学生的认知特征和年龄结构，以师生个体经验为基础，构建国际理解教育与日常生活的连接点，以便更好

地领悟理解的真谛。最后，国际理解教育课程需要联系生活。生活是教育的源泉，个体在日常生活中与环境相互作用生成的生活经验是他们进行下一阶段学习的精神财富和坚强基石。教师开展国际理解教育时，立足于生活世界，关照学生的生活实际、生活体验及生活感受，灵活运用生活事例、生活经验，拉近学生与教育内容的距离。

③合作。能够欣赏在共同分担的任务中合作的价值，并且能够为了一个共同的目标与其他的个人和团体进行合作。

④想象力。对于美好的世界具有想象力。

⑤自信。能够清楚并自信地与他人交流，既要避免否认别人权利的侵犯行为，也要避免自己的权利被否认和被侵犯。

⑥解决冲突。能够以一种客观的和系统的方式分析不同的冲突，并能够对这些冲突提出系列的解决方案。

⑦宽容。知道并不是所有的问题都能立刻得到解决，但仍能对问题的最终解决持乐观态度。

⑧参与。培养在他们所在的地方社区以及在国家的、地区的和国际的层面上影响并参与决策的能力。

⑨表达能力。学生应该能够用他们母语之外的至少一种语言来帮助他们与其他国家的人们进行接触并理解其他的文化。表达能力一方面指的是学生能够去交流体验，发表自己的见解与看法；另一方面，表达能力与语言运用能力密切联系，学生能够使用不同的语言与其他文化背景的人沟通交流。培育学生的国际理解素养，发展语言能力是必要的。例如，在中小学英语课程目标中，教师旨在提高学生的英语的语言运用能力，包括积累、拓展英语词汇和语言，培养学生良好的语音、语调、语感等，从而能够达到加强英语表达的地道性，理解语言背后所表达的文化内涵，并且提高英语口语的交际能力的目的。

第二节　课程内容

根据国际理解教育课程目标与时代要求，联合国教科文组织将其内容划分为民族文化理解、多元文化理解、人权教育、和平教育、经济发展、环境教育和全球视野等。民族文化理解旨在介绍本土文化，使学生树立文化自信，并且对其他文化怀有敬畏之心，秉持尊重和理解的态度，形成民族团结和民族平等的精神；

多元文化理解要求秉持尊重与理解的态度，正确面对各方面的差异，形成科学的文化观；人权教育强调以人的尊严为出发点，学习人权的知识，反对暴力歧视；和平教育要求正确认识人与国际的关系，认识和平的意义和冲突的危害，强调国际视野，从而营造清朗的国际环境；经济发展强调为进一步促进经济可持续发展，认识各种国际组织与合作机构；环境教育主要指人与自然的互动，学习人与自然、人与环境的知识，树立科学发展的观念，促进人与自然的和谐共生；全球视野旨在培养学生具有国际责任感。国际理解教育课程内容突破现有学科限制，由多个学科知识组合而成，课程内容的选择上具备学科综合、空间综合、时间综合的显著性特点，具有综合育人价值。

一、民族文化理解

世界日益多元化，国际理解不仅是国家与国家的互相理解，也是不同民族之间的相互理解，目的是保持世界多元化的发展趋势，而不是寻求一元化。因此，世界各民族在增进对其他民族的认识时，应当保有民族特色，尊重本民族文化，具有民族认同感，同时树立起民族平等的观念，对其他民族抱有宽容、理解的态度，促进多民族和谐共存。而文化是人类全部精神活动及其产品，是人类社会的一种特殊现象。世界各国、各民族都有自己独特的文化，它是民族认同的一个重要标识。多元文化是人类社会的一个重要特点，它对人类文明的发展起着举足轻重的作用。发展民族文化以尊重多元文化为基础，世界文化繁荣以包容不同文化为前提。在经济全球化日益纵深发展的今天，对文化多样性的尊重和认同在全球达成了共识。应当坚持文化平等、认识不同、尊重多元、平等交流，维护自由创造的权利。尊重民族文化首先要尊重自己民族的文化，培育好、发展好本民族文化，认识与理解本民族的文化，保护人类文化遗产。民族文化是现代民族文化的建设基础，能够凝聚民族认同，是促进不同民族、地区、国家人们文化交流的重要载体。

国际理解教育课程开发民族性可以理解为对本民族文化高度文化自信和文化自觉，即在世界文明之林中，准确认识与把握本民族文化的特质与脉络，在积极认同民族文化的基础上，反思与批判自身的糟粕，做到充分肯定、坚定信念、勇于传承。教育是文化传承和发展的重要中介，而学校课程是文化传承与创新的有效机制，国际理解教育课程自然就承担着传承中华优秀文化的使命。由于世界各民族所处地理特质、社会环境、历史时期的迥然，造就了各有千秋的教育观念和教育活动，这些观念和活动都有其独特的民族气韵和精神品质。课程根植于民族文化传承的土壤，具有鲜明的民族印记，课程开发只有在吸收、融合本民族传统文化的基础上，对民族文化进行选择、传递、再创造，才能使得课程焕发生命活力。以中国传统文化为例，传统文化中本身含有丰富的尊重差异、和而不同的教育理念，这些观点和说法体现了中国古人对待文化差异的认识和理解，这正是国际理解教育课程开发的重要"源头活水"。

国际理解教育课程在对他国文化尊重、宽容、理解和欣赏的同时，也重视对本民族文化的文化认同和文化传承。一个人只有先了解并认同自己所熟悉的文化环境，才能够与其他文化背景的人进行平等友好的对话，这种平等的对话建立在双方都认同自身文化并辩证对待的基础上，是国际理解素养的重要基础。其中，了解中华优秀传统文化、了解革命文化和社会主义先进文化、了解中华文明进程、了解我国在国际上的重要地位和贡献作为文化自信的知识维度，能够辨识中华优秀文化、能够继承与发展中华优秀文化、能够传播弘扬中华优秀文化作为文化自信的技能维度，对中华优秀文化的认同、具有积极学习中华优秀文化的意愿作为文化自信的态度维度。而文化包容是国际理解素养的核心组成部分。在文化包容中，知识层面明确提到了了解文化多样性和差异性，技能层面侧重跨文化交际技能，态度层面提到对他国文化的理解、尊重以及跨文化交流的积极性。

国际理解素养要求学生在文化自信的基础上对他国的文化和价值观须做到尊重、理解和包容，尊重、理解和包容是对待他国文化或价值观的一个循序渐进的过程。根据"异己者共存"的理念，现实中对他国文化的理解是有限度的，在承认文化部分不可理解性的前提下，我们应该强调文化包容的重要性。其中，了解他国优秀文化、了解不同文化间的差异作为文化包容的知识维度，能够辨识外国优秀文化、能够与不同文化背景的人沟通交流想法和情感、具有跨文化交往的行为规范、具备从文化背景或价值观不同的人的视角看待问题、具有文化适应能力作为文化包容的技能维度，理解、宽容、尊重他国文化、具有积极的跨文化交流意愿、具有学习其他文化的兴趣作为文化包容的态度维度。例如，可以邀请国际学校的学生开展"中华剪纸"主题体验活动，在春节前夕体验写春联，与学校书法社团的学生一起学习中国书法等都是民族文化理解的学习内容。学生在国外留学入住寄宿家庭时，向家庭成员赠送中国刺绣礼品、介绍中国的发展现状等，也都是民族文化理解的学习内容。不同民族、国家和地区的文化是有差异的，我们应该培养学生以宽容、开放的心态去正视差异，尊重、理解不同的文化和价值观。学生到国外研学，感受世界文化的不同魅力，更是异文化理解活动。

二、多元文化理解

进入21世纪,随着国际交往日益密切与频繁,国际理解教育的内涵不断丰富。倡导多元文化教育成为各国开展国际理解教育的新风尚。强调以多元文化为核心的国际理解,旨在培养学生认识和了解不同国家和民族的文化,辩证地看待不同文化之间的差异,并能在差异中寻找其共性。

多元文化理解是国际理解教育课程内容的必需要素,两者的关系是相互包含、相互促进。随着经济全球化进程的加快,世界多极化明显,人们对于多元文化的认识随着其内涵的深入变得丰富起来。多元文化教育第一步是了解不同文化及其背后的文化底蕴,更重要的是要认同其存在价值,从而培养学习者对于文化的尊重和理解。多元文化意识是形成国际理解素养的途径,国际理解素养是多元文化意识的目标。《国家中长期教育改革和发展规划纲要(2010—2020年)》在多元文化方面对人才提出的要求着重理解,使学生了解异国文化,促进文化互动。中小学阶段的多元文化意识的培养要综合利用各种教学资源,以此为中介传播多元文化知识。多元文化知识包括了解各国地理条件、气候变化;了解各国主要发展进程、社会文明形态;了解各族人民日常生活、民俗活动、吃食特点、服饰样式、日常礼仪等;了解不同民族的分布及其特点、宗教信仰、宗教仪式、宗教典籍;了解各国在文学、艺术、科学领域取得的成绩。除了掌握多元文化知识,更要具有多元文化意识,能以一种积极的态度去了解其他国家的文化,克服歧视与偏见,促进人类文化的和谐发展。

在国际理解教育课程中,多元文化理解还表现为国际性理解,表现为形成对他国文化尊重、开放、包容的态度;认识到全球命运紧密交织,思考人类面临的共同问题,形成对世界问题、人类命运的关注和共生责任。国际理解教育本质上是一种多元主义价值观教育,强调在教育领域中保持民族性和国际性的必要张力,表现为在对所属文化体系形成强烈的文化认同意识和归属意识的基础上,尊重不同人、不同文化、不同民族差异,并开展持续、深入的文化交流,培养世界范围内的共生、公正、宽容的意识和感情,谋求人类共同问题的合作与解决,肩负起"全球公民"的责任和义务。《关于教育促进国际理解、合作与和平及教育与人权和基本自由相联系的建议》指出,要理解并尊重不同民族的文化、价值、文明、生活方式的差异。《第44届国际教育大会宣言》指出,面对其他文化,能够尊重、欣赏,以非暴力的方式化解冲突。由这些联合国教科文组织文件可见,多元主义教育价值观是国际理解教育的本质观念,体现了经济全球化背景下国际理解教育国际性和民族性内在统一的基本精神，彰显了"美美与共，天下大同"的价值意蕴。

这种多元主义教育价值观也势必影响国际理解教育课程实践，对国际理解教育课程开发提出进一步的具体要求。国际理解教育课程开发以本民族文化为基点，符合本民族文化本土特征和文化传统，这是国际理解教育课程开发的基本定位。同时，关注国际理解教育课程对本民族文化认同的同时，并不意味着忽视国际理解教育课程开发的国际性取向。历史和实践表明，没有一种文明及其文化是在封闭、孤立的环境下生成发展的，只有借鉴吸收外来文化的合理成分，并进行创新性和现实性转化，才能够获得持续发展的空间。因此，国际理解教育课程必须坚持保持民族性和国际性张力。

三、人权教育

人权是指人的基本权利，它不因性别、种族与民族、宗教信仰不同而存在差异，包括生命健康权、教育权、人身自由权等。为减少矛盾与冲突，促进国际理解，追求世界和平，尊重与保护人权，树立人权平等意识，进行人权教育是必然选择。

人权教育是关乎人类尊严的教育，通过人权教育，不断探索尊重人类尊严的行为法则，使学生认识到个人尊严和尊重他人的重要性。中小学校在和国际姐妹学校开展面对面或在线的国际交流时，注意尊重彼此的个人隐私或在交流中尊重对方的表达权利。校本课程中的尊重他人尊严、性别平等教育、对于世界范围内的中小学生的生命安全保护和教育都是人权教育在国际理解教育在校本实践中的体现。

例如，中小学英语学科中呈现的有关"种族与人权"主题的内容，多以静态的图片呈现相关的游戏规则。虽然这些插图并未直接涉及与种族等有关的问题，但结合中小学生的认知水平，以图片的形式穿插在游戏和歌曲中，可以潜移默化地让学生初步感知英语国家人种的多元化，通过色彩鲜明的图片给予学生一定的冲击，激起学生认识多元世界的好奇心和求知欲。"种族与人权"主题在教科书中并没有涉及种族歧视、种族偏见以及人权不平等主题内容，而是以一种正向的观念，引导学生意识到世界人种的多元化，认识到不同国家和民族的人们是可以相互交流与包容的。结合习近平主席提出的构建人类命运共同体的理念，向学生传递世界是一个息息相关、紧密相连的整体，帮助学生树立开放、包容、接纳的意识。

四、和平教育

国际理解教育将世界和平作为其发展目标，通过传播"全球公民"的培养力求达到该目标。可见和平教育对于国际理解教育的重要意义。人权教育及和平教育在塑造学生品格方面发挥重要作用，学生需要了解该部分的内容。教师可以通过阅读或者是设置与之相关的写作主题，加强学生对该内容的了解，引发学生思考。

促进世界的和平与安全是教科文组织提出的国际理解教育的初心所在，也是世界各国开展国际理解教育的主要内容。和平教育旨在培养青少年全球和谐的意识，促进不同国家人们的相互理解与尊重，实现民主平等，维持世界的可持续发展。从 20 世纪 40 年代确立之始，联合国教科文组织就把和平教育贯彻于国际理解教育的理念之中。从 1974 年在《关于教育促进国际理解、合作与和平及教育与人权和基本自由相联系的建议》中提倡各成员国积极开展和平教育和人权教育，实现真正的自由与民主，到在第 44 届国际教育大会上发表的《为和平、人权和民主的教育综合行动纲领》，进一步规定了践行和平教育必须坚持的价值原则，再到 2000 年成立的亚太地区国际理解教育中心（APCEIU），都是联合国教科文组织贯彻落实国际理解教育和平教育内涵的举措，表达了实现人类和平的终极理想。

社会的可持续发展需要一个和平的国际环境，需要国际社会的沟通与合作，和平氛围的创造是以对人的尊重以及对主权国家的理解、团结和宽容为前提的，人类实现持久和平的根本途径就是通过教育，培养人类真正理解的理念，发展追求和平的理性。

五、经济发展

经济这一主题内容也是国际理解教育课程的重要主题。世界经济一体化的发展，国际贸易与经济合作日益频繁，不可避免地带来经济矛盾与冲突，这是国际理解教育发展的时代背景。为了进一步促进经济可持续发展，要认识各种国际组织与合作机构，了解其为促进世界经济良性发展做出的努力；认识世界经济发展的不平衡，以及各国经济发展优势存在差异，以促进国际合作，实现优势互补。这些都是国际理解教育必不可少的内容。

世界经济快速发展，经济活动范围超越国界，国家之间、地区之间的经济活动相互依赖、相互联系，构成了世界的有机整体。这使得任何国家经济领域的变化都会引起世界经济整体的变动。新技术革命的发展，进一步推进了各国之间的交流与交往，地球的时空差异逐渐消失。这一状况使得如今的世界变得比以往任何时候都要开放，呈现出一种全球依赖型的经济模式。由于各国、各个地区的自然和人文条件存在明显差异，导致全球经济发展的水平也存在明显的地域差异，在世界政治经济格局中有不同的地位。因此，各国、各地区更有必要在经济发展方面开展合作，互相理解、实现优势互补。

六、环境教育

环境教育以人与环境的关系为着眼点，实现人—环境—社会的和谐发展。环境教育的三个视点是：关于环境的教育（知识与技能），为了环境的教育（价值观、情感和态度），通过环境的教育（素材）。

人类只有一个地球，环境问题尤其是全球性的环境问题的产生与各国密切关联，地球环境的恶化是全球共同应对的挑战，环境的治理与保护需要国际社会携手并进，为维护良好的环境做出贡献，付出努力。通过环境教育，认识保护环境的重要性，知晓环境问题的解决措施与应对策略，能够有效增进国际理解，加强国际合作，营造可持续发展的地理环境，承担起作为地球一员的责任。

自然地理环境是人类赖以生存与发展的各种自然因素的综合。人类所处的自然环境有时会发生异常变化，并对人类的生命和财产安全构成危害，形成自然灾害。对于多数自然灾害，我们无法阻止其发生，但可以通过提高防灾减灾的意识，研发减灾技术手段，减轻自然灾害对人类生产生活的影响。在人类活动影响下，一方面从环境中获取物质和能量，另一方面将废弃物排放到自然环境中，破坏自然环境的原有运行机制，对环境造成巨大压力，甚至破坏环境，继而产生各种环境问题，最后对人类造成不良影响和危害。随着人类的发展，环境与发展的关系开始发生变化，人类改造自然的能力越来越强，造成了一系列的环境问题。自然环境具有整体性，一个自然要素发生变化，会引起其他自然要素的变化，牵一发而动全身。因此，自然环境问题具有跨区域性，一个地区的环境问题可能会给其他地区乃至整个世界带来危害。在全球背景下，人们开始重新思考人与环境之间的关系，思考如何调整发展模式。因此，强化世界整体意识，坚持可持续发展非常必要。面对已经出现的环境问题，要加强互助合作，开展全球治理。

七、全球视野

全球视野也是国际理解教育课程的内容维度。在全球视野中，知识和态度层面提到了关注全人类面临的全球性挑战，并且理解人类共同的价值观念，使学生具有国际责任感。因此，学生也是承担构建人类命运共同体的一分子，应该具备高水平的国际责任感。

由于世界面临的许多挑战是全球性的，应对这些挑战也应该是全球性的，这就要求青年作为积极负责任的社会成员，应具有对特定全球性问题或跨文化问题做出积极反应的能力和意愿。全球视野维度的设定也是对积极参与可持续发展的人们日益增长的需求的回应。其中，了解世界历史、地理概况，认识全球社会存在的重大共同问题及原因，理解经济全球化、国际合作、和平、环境、可持续发展等人类社会共同价值观的内涵与意义作为全球视野知识维度；能识别对人类有影响的全球性事务或信息、能够使用互联网技术搜索到全球性事务或信息、能够在为集体福祉和可持续发展采取行动作为全球视野技能维度；关切重大全球议题和挑战、具有国际责任感作为全球视野态度维度。

国际理解教育课程全球视野内容划分为全球文化、全球联结和全球议题三个主题。

①全球文化。随着经济全球化进程的不断推进，不同国家、地区、民族之间的经济、政治等方面的联系日益紧密，国际交往日益密切。了解世界多元文化，理解不同国家人们的心理、性格、传统和生活方式是进行有效沟通、实现良好国际交往的基础。国际理解教育课程中的全球文化既包括物质文化，如世界文化遗产、生活方式，也包括非物质文化，如风俗礼仪、价值观念、科学技术、人文艺术等。不仅包括对世界多元文化的理解和包容，也包括对中华民族传统文化的传承和发展。改革开放的窗口引入了各种国际化元素，越来越多的异国文化也逐渐走进了我国大众的视野。然而过于强调异国文化容易形成对中华民族传统文化的忽视和弱化，形成本末倒置的现象，造成对中华民族传统文化的冲击。因此，新时代的国际理解教育，不仅要了解世界多元文化，更要加深对中华优秀传统文化的认识，坚定文化自信，增强民族自豪感。用世界语言讲好中国故事，把中华民族的优秀文化传播到世界。

②全球联结。在经济全球化背景下，地球村正逐步形成，国家与国家之间的交往日益密切，世界各国相互联系、相互依存的程度不断加深。近年来，我国秉

持合作、友善、共融等价值理念，积极投身经济全球化进程，提出了人类命运共同体理念和"一带一路"的倡议，在诸多国际事务中发挥出举足轻重的作用，在国际舞台上赢得了越来越多国家的支持和赞誉，为世界的可持续发展贡献了中国方案。作为我国新时代的中国公民，不仅要掌握世界和民族文化知识，也要了解我国与世界在政治、经济、历史、生态等多方面的联系，认识我国在国际关系中发挥的作用，通晓常见的国际组织和国际规则，并学会辩证地看待、分析、评估自己的生活与世界的关联，学会沟通与合作，树立全球观念和人类命运共同体意识。

③全球议题。随着世界多极化进程的不断加快，人类也面临着越来越多前所未有的全球性挑战。全球性问题如自然灾害、资源环境、世界卫生等问题为世界带来了严重而深远的恶劣影响。灾难面前，任何国家都不能独善其身，也无法凭借一己之力独自解决。只能通过世界各国的共同合作，寻求解决方案，实现世界的可持续性发展。中小学生作为社会公民，也应该肩负起相应的社会担当，关注人类面临的共同问题，并从国际视角认识其产生的原因、造成的影响并寻求解决方法，从自身做起，有为人类共同的发展做贡献的胸怀。

新时代的国际理解教育课程内容要求学生不仅掌握丰富的国际理解知识，正确认识中国与世界以及自我与社会的密切联系，更重要的是借助知识，积极培养全球胜任力，在跨文化交流的过程中主动合作，积极解决问题，维护世界和平，促进共同发展。

第三节　课程实施

课程实施是达到预期的课程目标的基本途径，体现为课程目标中的过程与方法。过程本身具有重要价值，教师要注重课程实施过程的发生，要有学科实践，或者学科活动。学科活动意味着用适合学科学习的方法，帮助学生吸收内化学科知识。国际理解虽不是一门学科，但也有其独特的育人价值与教学方式，通过正确的实践能够帮助学生获得学习的意义。课程实施对于一个人的学习、生存、成长、发展和创造具有重要作用。

国际理解教育课程是一门全面综合育人课程，涉及学校不同的部门。在具体教学方式上，国际理解教育课程重视理解、体验、反思和探究的过程，重视知识的动态生成。教师在课堂上灵活选取多种学习模式，具有一定开放性，避免文化理解浅层化和抽象化，使学生充分认识并体验文化的深刻内涵与独特意蕴，培养学生跨文化交流能力和批判思维。

国际理解教育是一种价值观的教育，只通过传授知识难以达到素养培育的目的，需要采取更符合国际理解教育课程的实施方式。在学校中实施国际理解教育有两个层面的含义：一是在学校层面实施，包括整个课程体系的搭建、学校实践活动或社团活动的开展、学校文化的建设等；二是在课程层面实施，指在具体一门课程中，教师采用何种教学方式促进学习的发生。

一、学校层面的课程实施

（一）主题活动

美国著名哲学家、教育学家约翰·杜威（John Dewey）认为，真正的知识是在社会活动和职业活动中建构形成的，且与个体生命经验的增加和丰富相融合，而绝不是在教室中学习教材获得[①]。一方面，国际理解教育课程内容纷繁复杂、包罗万象，其课程目标也并不是强调对知识的掌握、对技能的强化，而是注重情感、意识生成，形成对多元文化的理性认识。国际理解教育课程的有效推进，最重要的就是借助实践性活动，采用体验性学习方式，探究国际理解教育活动的意义和价值，培养学生的能力。另一方面，教育对象的特殊性决定了国际理解教育课程的活动形式。中小学生好奇心重、探究性强，对于异于自己生活所处场域的知识和文化充满兴趣，对于各种知识的认知处于浅层水平，如何将这类知识及蕴含的情感转化并内化为学生的品质和能力，关键在于实践性活动。这就要求国际理解教育课程根据学生的认知结构和身心特点，以实践活动为介质，开展生动活泼、各式各样的活动，激发学生的学习活力，鼓励学生在实践中亲身经验、体会、观察和学习。这个过程不仅可以促进学生增长知识，同时也促进学生形成文化理解能力。此外，国际理解教育课程内容囊括万千，与其说是不同国家民族文化，更不如说是促进学生全面发展和国际素养形成的知情意相统一的知识结构。这也提出了国际理解教育课程根据课程主题和主线，灵活多变地设计国际理解教育课程组织形式。

国际理解教育课程实施要鼓励学生根据自身兴趣组建各类跨文化社团，举办各种与国际理解教育相关的活动，如笔友俱乐部、文化展览、戏剧表演、国际比赛、

---

① 朱烨.读杜威《民主主义与教育》［J］.湖南教育（D版），2021（7）：64.

知识竞赛、演讲比赛等。例如，有的学校会开展外语节活动，每年学校都会围绕一个国家开展主题活动。学生在将近一个月的活动中，收集资料，与家人一起查阅相关内容，制成小报，或者制作成小型模型；每个班级按照主题活动内容，积极布置教室环境。在活动中，既有对资料的阅读，又让学生以主题内容为核心动手动脑。活动形式不拘一格，其目的是让学生实现对多元文化的理解。又如，生活中的一些世界日，以此为主题内容开展教育教学活动，让学生在体验活动中了解这些世界日设置的原因和存在的价值，从小培养助人为乐、懂得感恩的品质。学生在主题活动中探究、体验，贴近生活，又不乏现实意义，能够了解各个国家和民族不同的文化传统、宗教信仰，促使他们彼此之间互相理解、互相宽容，进而维护世界和平，这是国际理解教育成为基础教育不可或缺的重要内容。

（二）互访交流模式

国际理解教育课程实施关注文化交流与互动。学生要想理解与尊重文化，不仅要通过知识学习，更重要的是需要具备跨文化交流能力，掌握面对多元文化，进行有效沟通的技巧，从而顺利进行文化互动与对话。在互动的情境中，双方可以针对某一现象进行意义澄清，避免歧义。这个过程，也需要进行文化评估，学会辨别与选择，建立自己的价值观念和是非标准，用发展的眼光判断社会事务和他人行为。语言学习是文化交流与互动中重要的一环，只有掌握了作为媒介的其他文化的语言，才更可能与其他文化背景的人展开交流与互动。

教育国际化的浪潮正在席卷我国的中小学校园，其原因有二：其一，许多学校和境外的学校结成了姐妹交流的关系，积极推进友好往来。两国学生的互相交流，增进了他们之间的友谊，更深入地了解双方的生活习惯和民族文化。宇宙只有一个地球，生活在地球上的公民，都有义务和责任保护地球，所以地球人彼此之间要互相爱护，互相理解，互相融合。其二，学校加强了合作意识，拓展了学生的海外游学活动，这也可以看作一种很有时效的国际理解教育模式。原来此项活动只在高中或者大学实施，现在中小学校与国外的教育机构成立国际课程班，寻找国外课程资源，并与本地资源进行有效结合。在融合的过程中，寻找出适合学生学习的内容，逐步探索和发现国际理解教育新模式。随着现在学生家庭情况的改善，越来越多的父母愿意出资利用寒暑假让孩子进行短暂的出国游学活动，一方面是欣赏国外的风景，另一方面是让孩子身临其境地感受外国的文化氛围。学校也开始组织中小学生参加这样的游学活动，可以去对方的学校与那里的学生一起学习，做交流，并且入住当地的家庭，近距离地感受异国文化。学生通过游学，充分体验了异国的风俗人情，使得这一方法成为国际理解教育课程实施的又一条有效的途径。

随着时代的发展，我国教育国际化程度越来越提高，对外交流成为学校的必要培育路径之一。对于对外交流一般可以采用以下三种形式：第一，与国外学校签订交流协议。学校之间可以进行资源互置，就国际理解教育展开定期教学研讨，学校之间可以充分利用互联网开设网络课程，在线深度交流。第二，开展研学旅行。学校制订严格的研学计划，在研学的途中使学生了解不同国家的风俗习惯、规章制度、法律规则、礼仪规范等常识，真听真看真感受，并在研学结束后要求学生写下自己的心得体会，分享收获。第三，学校积极邀请外国师生来访交流。在相互交流的过程中，了解其他国家的文化，加深学生对于多元文化的理解，同时也传播自身优秀文化。所邀请国家的范围，学校可以根据本校的发展方向和规划，尽可能辐射到更多的国家。

（三）模拟活动

学生模拟一些国际活动，扮演角色，以角色身份参与活动中，如模拟联合国等活动。作为国际理解教育的经典活动，模拟联合国被所多学校应用。它既可以作为一种持续的、长期的社团活动，也可以设置成一门课程。当模拟联合国作为一门课程时，教师需要根据联合国的会议流程，将流程的每一步骤拆分成一节课时的学习内容。在学生学习整个流程规则后，教师组织学生针对某一议题开展模拟会议。

模拟联合国包含了三种层次的模拟：①身份模拟，即学生扮演各国外交官，行使投票权利；②过程模拟，活动流程基本按照联合国的会议形式进行；③形式模拟，主要采用情境辩论的形式，使学生熟练运用各种规则，争取发言和游说的机会。可以说，模拟联合国的过程就是学生作为全球公民参与世界发展进程中的表现，通过这一形式，可以使学生从而更好地面对未来真实世界中的国际交流与合作。

（四）研学旅行

学校有组织、有计划、有目的地组织学生前往其他国家/地区参观研修，教师将研究性学习和旅行体验相结合，制订计划，帮助学生在研学过程中拓宽视野，增加社会阅历，锻炼生活自理能力，发展跨文化交际能力。

教育国际化是大势所趋，为了宣扬中国文化以及更好地与国际接轨，我国积极与世界众多国家和地区建立合作交流项目，不仅促进学生之间的学习，也推动教育者的相互交流。要打开国际理解教育的窗口，与其他国家缔结兄弟姊妹校的关系，开展精准的国际教育合作项目。除此之外，鼓励教师、学生出国学习，定期派遣师生参观、访学，在走出去的同时，制定相关政策吸引海外教师和学生到我国学习，进一步了解中国文化。与此同时在条件较好的城市设立国际学校，促进中外学生交流学习。通过"走出去"与"引进来"，开阔学生的国际理解视野，进一步推动我国国际理解教育的发展。

（五）社会实践

国际理解教育具体的课程目标强调了行动的重要性，在国际理解课程中要增添社会实践。学生基于他们在课堂上学习的东西，参与有组织的活动，以造福他们的社区。活动结束后，学生批判性地反思，以加深他们对学术学习的理解以及思考如何履行公民责任。课堂内的教学不足以全面培养国际理解素养，成为全球公民需要更多的实际工作和活动（包括社区服务），并且需要学生将公民身份与日常生活和社区联系起来。

主题活动或综合实践活动是一种行动取向的模式。一般而言，学校会确定国际理解教育课程目标，并选择相关的主题，通过活动的方式实施，这样学生能够实际参与，切身感受。例如，可以根据不同年级开发不同维度的主题单元内容。在从饮食文化看世界的主题单元中，学校组织"一家人"的实践活动、"中华美食节"活动、研究性学习等丰富多样的活动，帮助学生学以致用，在实践中思考、感受与理解。这种课程实施将学生的经验融入课程中，让课程更加生活化，弥补了个体与课程、教学之间的断裂，也弥补了个体智力与素养发展的断裂。

综上所述，国际理解教育课程中的社会实践实施突破了知识传授的课程教学模式，更加强调课程的探索性、参与性、开放性与合作性。素养是在实践中逐渐形成的，反映在课程实施上则是需要通过中小学生参与各种活动来逐步提高素养。尤其是国际理解素养，核心理念如尊重、理解、宽容等是无法通过听讲直接习得的，这种关于道德的观念是无法直接教的。实践活动能够提高中小学生的探索性、参与性，进而发展中小学生的反思性与批判性思维，使学生能够在亲身体验中感受全球公民身份。

（六）校园文化

校园文化是一所学校人文精神的展示，能够在潜移默化中对学生进行国际理解教育。学校通过举办各类文化节，如艺术节、美食节、外语节等，营造多元文化的校园氛围，使学生不出校门就能体验、学习到不同国家的文化。从校园文化着手开展国际理解教育课程实施须注意以下几个方面。

第一，充分利用校园环境，融入国际化元素。可以利用教学楼过道、教室的空白墙、宣传栏等校园公共区域，展示国际基本知识，如世界组织、名人简介、国际知名大学等，或者展示我国优秀文化。如有的学校利用教室空白地方双语展示二十四节气，既帮助学生了解相应习俗，又有利于英语学习，还可以在外国学生到校交流时起文化传播的作用。

第二，在设施配置上，可以为学生准备自由阅览室，为中小学生准备合适的外语读物，尽可能地为学生创设良好的国际理解教育空间和学习环境。同时学校充分利用信息化手段，创建国际理解教育文化专栏，使学生不仅能够系统地学习这方面的知识，还能够丰富课余生活。

第三，开展丰富的国际理解主题活动，提供更多的实践机会，促进理论与实践结合。例如，主题可以围绕"国际消费者权益日"，向学生普及消费法律知识和维权途径；开展"国际劳动节"，增强学生的劳动意识；开展美食节，使学生了解各国的饮食文化和餐桌礼仪。又例如，许多开展专门国际理解教育的学校都不约而同地开展了模拟联合国活动，学生在准备和参加活动过程中以全球视野探讨国际热点问题，提高了对国际规则的认识和国际理解意识。

在我国中小学校开展国际理解教育活动意义重大，各学校要根据学校实际情况，结合当地的情况，如人文风情、风俗习惯、节日庆祝等多方面丰富现有课堂，使其具有国际理解元素。

二、课程层面的课程实施

（一）学科渗透

除了开设专门的国际理解教育课程立足于学科，在学科中渗透国际理解教育是国际理解教育课程实施的又一重要方向，也就是所谓的学科渗透式培养。学科渗透是教师在教学的过程中，抓住教学契机，适当普及国际理解教育知识，使学生在进行各科学习的过程中潜移默化地增长某方面的见识，进而开阔眼界。1968年联合国教科文组织国际公共教育大会第 31 届会议提出了"作为学校课程和生活之组成部分的国际理解教育"，阐述了课程与国际理解教育的关系，其中第 64 号建议倡导国际理解教育应该潜移默化地融入学生的学习和生活当中，最好的途径便是将国际理解精神通过学科教学的方式向学生传递，因此必须加强国际理解教育与学科之间的联系，找到契合点。与专门的校本课程不同，学科渗透必须在保证本门学科的教学目标完成的前提下进行国际理解教育的渗透，其过程可以采取以下两种方式：第一种教师在教学时，主要以完成本门学科的教学任务为目标，适时地采取科学的教学方法向学生补充国际理解知识，拓宽学生的视野；第二种相对于第一种更利于学生吸收，深入挖掘本门学科中的国际理解教育元素，梳理其发展逻辑，并在教学当中创设情境，选取合适的案例授予学生。在学科渗透中教师作为主要传输者，要求教师具备较高的国际理解教育素质以及本门学科的专业素养，如此才能两全其美、事半功倍。例如，在地理教学过程中渗透国际理解教育理念，要恰当把握时机。"渗透"这一词强调潜移默化，通过选择适当的教学时机，将国际理解教育的相关视频、图文资料融入学生的地理学习中，使学生润物细无声地形成国际理解观念，提升国际理解能力。若时机把握不当，渗透会显得突兀，进而影响渗透效果。地理课堂教学包含多个环节，如在课前导入时，提供国际理解教育的相关素材能够激发学生的学习兴趣，合作探究环节可以通过讨论活动、角色扮演等方式培养学生的合作探究能力与解决地理问题的能力，同时有效提高国际理解能力。此外，国际理解教育融入地理教学时，应当注意内容的选择要讲究度。一方面要注意内容选择的深度，要根据学生的认知水平，选择多数学生能够理解的内容。既要防止选择的国际理解教育内容流于形式，也要避免晦涩难懂，避免两种极端走向，否则难以达到渗透效果。另一方面要防止过度渗透，学科内容是显性教育内容，被渗透的内容是隐性线索，是教师教学的辅线。在地理课堂中渗透国际理解教育理念，目的在于通过学科教学帮助学生理解，形成国际理解观念，提升国际理解能力。教师要把握好主次，以地理教学为重点，有目的、有计划地进行。

当前我国的基础教育整体上是按照学段和学科展开教学的，各科的联系不强，因此教师应该根据自身所教的阶段和科目，细化到教材的每一单元和课时，系统地梳理其中的国际理解教育内容和理念，结合本班实际情况，有的放矢地展开国际理解教育。要从课前、课中、课后三个方面来对国际理解教育进行整体设计，这为国际理解教育在课程设计维度上提供了研究新思路。

学科教学在国际理解教育中发挥关键作用，可以用"跳板"形容学科渗透的地位。中小学的各个科目都有可能进行国际理解的渗透，中小学可以把教学作为开展国际理解教育的跳板。但相对来说一些学科的效果更佳，如历史、地理、政治等学科，这些学科包含丰富的国际理解知识，可以让学生了解全球概况和挑战，培养学生的多元文化意识和全球意识。我们现在所学习的基础教育课程往往是单项的，都具有独立的知识体系，有可以参考的大纲要求，并会设置相应的联系，而国际理解教育具有宽泛性、广博性，它的许多相关知识可以在多种学科中有所体现，因此在学科中渗透国际理解教育是完全可行的。

综上所述，国际理解教育课程涉及的知识具有综合性，同时又对其他学科的知识具有补充和完善的作用；理解、宽容、尊重的价值观又是各个学科所追寻的人文价值观，因此国际理解教育在各个学科中的渗透是具有非常积极的意义的。

（二）探究式学习

国际理解教育课程实施中的探究式学习是指教师开设国际理解教育专题，使学生围绕主题或话题进行对话、讨论、辩论，或者教师以国际理解教育问题驱动，促使学生思辨，以达成对不同文化的多种见解以及看待文化的多重视角。

探究式学习是一种以问题为依托的学习，强调学生通过主动探究解决问题的过程。在国际理解教育教学中，教师会设计专题，在完成知识传授的教学任务后，抛出问题，组织学生进行对话、讨论与辩论。一般来说，教师会选取发人深省的视频或有争议的图像、文本开始这样的讨论，以刺激讨论。在讨论过程中，学生需要引用证据来支持他们的观点，并且应该认真倾听对方的观点，从而更好地辩论。在这个过程中，学生提升了对全球问题的认识，并就这些问题提供多种观点，掌握沟通和论证技巧。有组织的讨论给学生提供了自由发表观点的机会，而辩论可以让讨论更加有的放矢，促进学生的批评性思维。

探究式学习的另一种方式是以问题驱动思辨。国际理解教育课程应该是一种提出问题的教育形式，向学生提出关键的问题。教师在课堂中可以设计有指向的、有梯度的、连贯开放的问题，从知识性的生成到探究性的思考，最后到形成见解和价值观。多用建构式教学方法，用代表不同立场的小组之间进行讨论、围绕某一主题对话等方法，让学生能够站在不同的立场思考全球问题，多角度理解文化的传承与变革。

（三）项目式学习

项目式学习是一套系统的教学方法，是对复杂、真实的问题进行探究的过程，也是精心设计项目作品、规划和实施项目任务的过程。在这个过程中，学生能够掌握所需的知识和技能。项目式学习包括如下四个方面：①学生选择，即学生应该能够选择如何执行他们的项目，这能提高他们的参与度；②真实经验，即这些项目应该提供一系列真实的经验，如可以模仿具有全球素养的专业人士如何在课堂之外的真实世界中执行这样的项目；③具有全球意义，即学生致力于将他们通过学科研究学到的东西应用于相关的、现实生活中的问题，增强以富有成效的方式采取行动来解决世界问题的动机；④向真实的观众展示，即学生应该有机会展示他们的学习成果，并向真正的观众展示他们所学到的东西，从而给他们有意义的反馈，改进学习。

在项目式学习过程中，学生需要分组，以问题为导向，合作完成一个真实的项目。为了完成学习任务，他们需要有尊重地沟通，合理地解决冲突，考虑他人的观点，并具有适应性。

国际理解教育课程的项目式学习紧随国家教育改革步伐，力求教育实践的创新突破。在科教兴国战略的引领下开展科技活动、指导参与科创大赛，提升中小学生的科学素养。在德育实践中构建感恩教育体系，建设极具生命力的感恩教育基地。坚持以"多元—融合—共生"为理念指导国际理解教育的探索，从中外校际交流，到建设多语种课程，据实设计国际理解教育课程等主题项目式学习，引进国际特色课程，以培育中小学生的多元思维与国际交流能力。

（四）单独设课

国际理解教育课程实施的单独设课，就是把国际理解教育作为学校课程表中的一门学科进行学习。精选国际知识、全球问题，根据中小学生的认知水平和年龄特点加以组合，使之成为可以接受的教学内容。其目的是让中小学生系统地学习国际理解教育的相关内容，培养国际交流能力。例如，有的学校将国际理解教育课程作为特设课程，在全校每个班都开设，每周有一课时，课程内容有地球村——认世界、人类的共同财富——珍惜世界遗产、走进五大洲——了解多元文化、理解与发展——国际交往等。作为一门以学生实践为主的课程，这种教学方式打破了固有的教学模式，教师可以根据教材的内容和中小学生的年龄特点，自主选择内容进行整合，可以配置相关的 PPT 或者音视频资源，给教师尽可能多的自主权利。如此设计的教学过程，其实也给了学生更宽广的舞台，课堂上学生可以自主交流，动手制作实物，或者进行小组合作，不仅营造了欢乐的学习氛围，更使学生、教师得到了和谐的发展。

　　在学校中单独开设国际理解教育课是一个创造性的举措，因为国际理解教育的知识内容是分散在不同的人文和社会学科当中的，先把这些知识根据中小学生的特点进行整理和整合，其目的就是想通过师生喜欢的方式拓宽他们的视野，弘扬民族精神，培育理解意识，让学生可以用历史的、发展的眼光看待世界，用科学的方法进行思考、交流、沟通和合作，为他们将来参与国际竞争与合作打下扎实的基础。

第三章　美国中小学国际理解教育课程的探讨

美国是最早关注和实施国际理解教育的国家之一，迄今为止已经取得了较为成熟的发展，美国联邦政府和州政府已经认识到培养学生全球胜任力的重要性，并划拨专项经费开发相关课程、资助教师培训项目，引导开展不同形式的国际理解教育，并且制定了国际理解教育的相关规程。美国中小学国际理解教育的发展与完善具有重要的借鉴意义，可以为我国在遇到类似情境时提供相应的思路。本章分为美国中小学国际理解教育的历史发展、美国中小学国际理解教育课程的探索两部分。

第一节　美国中小学国际理解教育的历史发展

一、发展背景

（一）民族中心主义的影响

民族中心主义，也称"文化中心主义""种族中心主义"。其表现主要是某一民族以本民族为世界文化的中心，评价其他民族文化时一律以本民族文化为参照系，认为本民族文化具有其他民族文化无法超越的优越性。大到价值观念、社会制度、风俗习惯，小到行为举止、生活方式，都以本民族文化作为是非判断的依据。

民族中心主义通常具有以下三种特点：①普遍性。民族中心主义普遍存在于每个人的意识中。②无意识性。人们在从小生活的社会环境中逐渐无意识地形成了民族中心主义，往往在潜移默化中被影响。③民族中心主义既有积极作用也有消极作用。积极作用在于可以作为社会黏合剂为群体成员带来文化认同感及群体归属感，消极作用则体现为会让人对其他群体成员产生偏见，造成跨文化交际冲突。

对美国而言，民族中心主义由来已久，在国际理解教育诞生之前就存在民族中心主义，甚至在某种意义上国际理解教育是作为一种民族中心主义的对抗力量产生的。

（二）美国国际教育的稳步发展

美国的国际教育以国家实力为支撑，起步于19世纪。在宗教、文化、经济与政治扩张的刺激下，宗教组织、社会组织作为早期的国际教育主力，对外推广美式文化与教育模式，对内招收来自外国社会的精英学生，使得美国迅速成为世界范围内国际教育的主要承担者之一。20世纪早期，美国成为新晋世界强国，政府巧妙地利用社会与国际资源涉足国际教育事业，塑造和平的国际秩序与友好的国际关系，提高了美国的国际声望。

1.传教士办学——美国国际教育的雏形

在18世纪末19世纪初的世界宣教热潮中，传教士的脚步遍布亚洲、非洲等非基督教区域。为了使基督教更好地扎根于异教区，教育、医疗、图书译介等多种方法被应用于传教事业之中，成为传教工作的主要内容之一。尽管教育并非传教士的本职工作，甚至不断遭到宗教事务界的质疑，美国的传教士还是在海外开辟了国际教育领域，不仅参与了异教区的初等、高等教育事业建设，还发起了国际留学活动，选派优异的外国学生进入美国高校学习。当然，这类宗教性质的国际教育活动的最终目的是吸纳更多的基督教信徒，建立本土教会以及培养本土基督教领袖。

宗教人士与组织是美国国际教育的第一批开拓者，成功地推动了美国教育理念、知识以及基督教信仰在全世界的传播，一批海外初等教育院校随之诞生，在世界教育史上产生了深远的影响。在宗教界人士的影响之下，世俗化的民间组织与联邦政府逐渐参与到国际教育之中，国际教育开始承担起促进国际交流与理解、维护世界和平的责任。

2.20世纪以后美国国际教育的实践

（1）世界和平与"文化国际主义"

20世纪初，和平理念兴起并成为各国的共识。第一次世界大战结束后，不论是在为了战后的重建工作的欧洲参战国，还是在为了维持和促进繁荣的美国，"和平"的重要性不亚于经济发展、政治稳定和社会团结。换言之，一国国内的秩序，有赖于一个和平稳定的世界秩序。不仅如此，和平问题上升为国际事务的核心内容，这引发了各国学术界对和平的研究兴趣。

1923 年，芝加哥大学的教授昆西·赖特（Quincy Wright）汇集历史学、政治科学、人类学、经济学与社会学的专业人士，发起了针对战争与和平的大规模研究。与此同时，视国际文化与学术合作为维护世界和平的有力工具的"文化国际主义"思想方兴未艾，19 世纪末 20 世纪初，英国哲学家赫伯特·斯宾塞（Herbert Spencer）等人开创了这一概念。文化国际主义思想主张通过国家间的文化交流与合作，增进国际理解，促进世界和平。

（2）美国政府的国际教育项目

美国政府的国际教育项目主要分为两类，一是为巩固殖民统治，招安被统治的民众而实施的殖民与新殖民国际教育，如庚子赔款项目；另一类则是在文化国际主义理念的刺激下，期望通过国际教育促进国际理解与合作，维护良好的国际关系，如比利时救济项目。此外，还有全球学习项目、全球意识项目等。

①庚子赔款项目。1900 年（庚子年），义和团运动在中国北方部分地区达到高潮，清朝和国际列强开战，八国联军占领了北京紫禁城皇宫。1901 年（辛丑年）9 月，中国和 11 个国家达成了屈辱的《解决 1900 年动乱最后议定书》，即《辛丑条约》。条约规定，中国从海关银等关税中拿出 4 亿 5 千万两白银赔偿各国，并以各国货币汇率结算，按 4% 的年息，分 39 年还清，本息共计 982238150 两。这笔钱史称"庚子赔款"。其中美国约得总数的 5%，折合美金 2500 万元。此后，美国传教士明恩溥（Arthur Henderson Smith）、莱曼·阿尔伯特（Lyman Abbott）及著名外国事务杂志《展望》的主编劳伦斯·阿尔伯特（Lawrence Abbott）主张退还部分庚款用于对美国有利的赴美留学事业。在时任美国国务卿伊莱休·鲁特（Elihu Root）的安排下，总统西奥多·罗斯福（Theodore Roosevelt）会见了相关人物并通过了此项建议。罗斯福总统在 1907 年 12 月 3 日致国会的年度咨文中，正式要求国会授权总统减免中国的庚子赔款数额，取消对中国超出之数的赔款要求。1908 年 12 月 28 日，《豁免中国部分赔款》的法案获得签署通过，豁免金额共计 10785296.12 美元，从 1909 年起，至 1940 年止，逐年按月"退还"给中国，用于资助中国学生留美学习。

1909 年，清廷批准了学部与外务部会奏的《遣派留美学生办法大纲》。这个大纲规定，留美学生分两部分，一部分年龄在 15～20 岁，每年拟取 100 名，要求国文通达，资秉特异，由学部和外务部联合在北京招考，同时由各省选取合格学生送北京复试；另一部分学生年龄在 15 岁以下，每年拟取 200 名，名额按照各省大小及其所负担的赔款多寡分配到各省，然后由各省按定额选送学生。每年从两部分学生中各选拔 50 名赴美留学。未入选的学生，继续在留美预备校中进行培训。1911 年，清华学堂成立，自此直到 1929 年游美学务处结束，利用庚款派出的留美学生达 1279 人。

美国退款兴学是其对华政策的一个重要组成部分，意在同英、日等国争夺中国留学生的教育权。我国现代著名的教育家舒新城直言："留学问题几乎为一切教育问题或政治问题的根本，从近来言论发表的意见，固然足以表示此问题之重要，从国内政治教育实业诸事业无不直接间接为留学生所主持、所影响的事实看来更足见留学问题关系之重大。"[①] 此时的中国正处于社会转型的历史节点，美国利用中国人欲向西方学校学习、实现国富民强的愿望，企图通过教育从知识上和精神上控制中国的精英阶层，进而掌控整个中国的命运与未来。

②比利时救济项目。1914 年，第一次世界大战爆发，德国占领的比利时很快陷入饥荒，政府成立国家救济与食物委员会，由比利时人埃米尔·弗兰基（Emile Francqui）负责地方灾民的食品供应工作。10 月中旬，弗兰基前往美国驻英国大使馆寻求援助，认识了来自美国的赫伯特·胡佛（Herbert Hoover）。了解情况后，胡佛决定对比利时提供人道援助。10 月 22 日，他成立比利时救济委员会，担任比利时国家救济与食物委员会的上级供应链，资助处于饥荒之中的比利时人民。1914—1919 年，这两个委员会向德占区的 900 万比利时和法国人分发了价值 10 亿美元的物资。1920 年，比利时救济委员会剩余资金高达 4200 万美元，其中 2000 万元赠予比利时的高校等机构，剩余款项则用于组建两个独立的基金会：位于纽约的比利时救济委员会教育基金会和位于布鲁塞尔的大学基金会。

胡佛在组织比利时救援工作时，招募了一批获得罗德奖学金留学英国的美国学生。受到罗德奖学金项目的启发，他主张将救援剩余物资及其收益用于资助比利时与美国高校学生间的教育交流。

作为一名国际主义者，胡佛认为，高校间的双向教育交流项目是促进两国相互理解的最佳方式，并在纽约与布鲁塞尔分别成立奖学金委员会，负责监督留学的相关工作；弗兰基则认为，高等教育对战后的国家重建和国际竞争来说非常重要，资助比利时学生留美恰好能够促进落后的比利时高等教育与研究事业的发展。1920 年 10 月，双方就成立这一双边教育交流奖学金项目达成共识，计划每年分别资助 24 名美国学生与比利时学生，分赴对方国家留学，推动两国经济、教育、科学与社会思想的进步，促进比利时与美国之间学术知识的流动。

---

① 舒新城. 近代中国留学史 近代中国教育思想史［M］. 北京：商务印书馆，2014.

自教育基金会设立至"二战"时期，两国教育基金会共资助 595 名比利时学生留美，以及 256 名美国学生留学比利时。由于两国的学生候选者比例失衡，申请留学比利时的美国学生数量远远不及比利时学生，1924 年，在美方的建议下，新设立高级研究奖学金，每年的获得者 4 至 8 人不等，相应削减原研究生的数量。

1929 年，每年赴美的比利时研究生人数改定为 18 人。比利时也在努力采取措施提升本国文化对美国学生的吸引力，1936 年，教育基金会创办暑期课程项目，各个高校利用此机会教授佛兰德斯艺术与现代比利时艺术，带领学生参观比利时大型博物馆，吸引了许多美国学生前来参加。在专业的选择上，两国学生间呈现出明显的差异。美国学生热衷于艺术与人文学科，即便是学习自然科学与医学专业的学生也都非常重视比利时的艺术与文化遗产，来自卫斯理大学的一名美国学生强调，相较于实验室里的操作，参观比利时的纪念馆与博物馆更有意义。比利时的学生多选择理工类专业，1920—1943 年，医学专业共有学生 188 名，应用科学共 113 名，自然科学共 111 名，法律和社会科学共 145 名，人文专业只有 38 名。

两国之间的教育交流无疑让双方国家的学生加深了对彼此国家的了解。一名比利时学生在留学报告中记录着他对美国印象的改变，如对美国的个人主义等那些先入为主的想法逐渐变成了美国人重视公正、平等和人权，并肯定美国对"现代文明"发展做出的贡献。来到比利时的美国学生同样很是欣赏这个国家悠久的历史文化遗产，尽管其校园基础设施的水平远远不及美国。

③全球学习项目。全球学习项目最初构想于 1973 年。除了和平和社会正义这两大基本价值外，全球学习项目还在这一领域的概念中增加了经济福祉、生态平衡和政治参与。

"全球学习"计划首先组织有关全球主题的专题讲习班，以提高教师的意识，提供课堂资源。第一个讲习班的主题是人权，由联合国的一位主讲人发言。多年来，赠款的来源广泛，讲习班通常集中在特定的主题上，如世界饥饿和第三世界发展问题、冲突解决、更传统的国际教育、可持续发展以及能源危机问题。程序通常包括创建一个由教师、学者和专家组成的志愿者项目团队，团队提供内容和课堂专业知识。尽管全球学习项目的重点主要集中在它的家乡新泽西州，但由此产生的出版物已在全国各地的教师研讨会上传播。

④全球意识项目。全球意识项目是 1979 年以迈阿密的佛罗里达国际大学为主导开展的项目。佛罗里达国际大学、迈阿密 - 戴德县公立学校和佛罗里达州教

育部之间达成了合作，而丹佛斯基金会、美国教育部以及其他基金会为项目提供了财政资助。项目专注于将全球教育引入迈阿密的高中、初中和小学的社会科课程和教学中。最终，戴德县有三分之二的学校参加了全球意识项目。

多年来，全球意识项目培养了众多全球意识教育的能手教师，在项目培养教师的同时，教师也在为项目提供教学材料，这构成了全球意识项目良性的运转系统。在整个20世纪80年代和90年代，项目广泛传播关于迈阿密－戴德县提倡的全球意识教育信息，在美国的全球意识教育项目发展中发挥了重要的作用。

（3）美国主要国际教育组织的创设

在美国的国际教育实践中，民间国际教育相关组织搭建了强大的工作网，为外国学生提供入境服务、语言与专业学习指导、资金支持等。

①国际俱乐部。进入20世纪，美国成为潜在的世界教育中心之一。美国教育局的信息显示，1904年，74个国家的2673名男性学生就读于美国的高校之中，1913年，国际学生数量翻至两倍，此时的美国社会弥漫着和平主义运动思潮，影响着身处其中的大学与国内外学生。

在美国和平协会的帮助下，记者路易斯·洛克纳（Louis Lockner）发起国际俱乐部运动。1903年，来自11个国家的16名外国学生在威斯康星大学成立首个国际俱乐部，随后多所学校加入其中。1904年，康奈尔大学建立本校的国际俱乐部；1905年，密歇根大学成立国际俱乐部；1907年，普渡大学、伊利诺斯大学相继成立同样的组织。1907年12月，美国国际俱乐部协会（ACC）成立，并在威斯康星州的麦迪逊城召开首届全国大会。协会的目标是在高校中的各国国民间培育公正、合作意识与情义，服务于各种族、阶层与信仰的民众。国际俱乐部的学生领袖在和平运动者埃德温·米德（Edwin Mead）和爱德华·吉恩（Edward Ginn）的鼓励下设立了诸多国际论坛，各个学校对此活动也提供了支持。在其校内国际俱乐部中，"国际关系""美国政府与政党""外国政府与经济状况""各国青年运动""各民族习惯与风俗"是常见的研讨话题，它们不仅让美国学生对外国学生与公民心生敬意，也使得外国学生更加理解美国政府的政治运作与法律功能，同美国学生展开交流，参与美国社会的和平运动并刺激其国际意识。1924年，美国国际俱乐部协会汇聚了来自欧洲、亚洲、南美洲以及北美洲的约1500名外国学生，旗下共31所高校俱乐部。

协会还为外国学生提供援助，其成员游说高校管理者任命外国学生顾问，管理外国学生事务以符合高校与政府的相关规定。1910年，欧柏林大学首次正式设立外国学生顾问官员。除高校外，协会成功地说服美国教育局出版外国学生留学美国官方信息指南。在此背景下，教育局于1915年出版了相关的图书，名为《外国学生留学美国高校的机会》，其内容十分丰富，主要包括美国高校的特色、住宿条件、校园省会以及62所高校详细的招生规定。可以说，美国国际俱乐部协会是深受国内外学生欢迎的，尽管如此，它作为一个全国性组织存在一个致命的缺陷，那就是缺少统一的纲领，对于世界冲突这一问题其内部各团体间的观点各异，为控制协会以宣发各自的事程而招致内部的政治斗争。

②外国学生友好关系委员会（CFRFS）。1911年，以基督教青年会国际委员会、世界基督教学生联合会秘书长约翰·莫特（John Mott）为首，纽约市一群富有远见的人士聚集商讨成立一个专注于外国学生事务的组织。莫特认为，一个国家的未来在青年手中，基督教必须争取青年的心，接受美国的教育将影响国际学生的思维，能够赢得他们对基督教的好感抑或是忠诚。因而，收纳了（各国）具有影响力的各界人士的美国学校可谓战略要塞。莫特敏锐地意识到国际学生是未来的各国领袖，又敏感地察觉到，来到美国高校的国际学生面临一系列问题，如苛刻烦琐的签证与入境审查、种族歧视下的美国社会适应与人际交往问题、资金等问题，这将动摇传教士在外域宣扬基督教理念与美式价值观的合理性基础，于是，他开始着手建立一个管理国际学生的特殊组织。1911年夏，莫特获得了资助，并在基督教青年会的负责下，于纽约成立了促进外国学生间友好关系委员会，后易名为外国学生友好关系委员会，威拉德·里昂（Willard Lyon）担任秘书长。

早期，委员会的目标群体是中国学生，后逐渐扩展到世界各国的留学生。外国学生以国别为单位在美国成立了自己的基督教协会，创办了各类组织刊物，记述留学生在美生活。委员会一方面为其提供资助，另一方面要求他们向美国展示本国的文化，增进彼此间的交流与理解。

20世纪30年代，各国的基督教协会并入委员会，成为其国别部门。此后，委员会的工作趋于稳定，包括以下四类服务项目：入境服务、学生暑期会议、款待项目与紧急救济项目。除了这些服务功能，委员会还承担着信息发布与数据统计工作，同海外工作者密切合作，传递美国教育信息，招揽计划留美的优秀学生，并且出版各类帮助国际学生适应美国社会的读物。自1915年起，委员会开展年度北美国际学生数量统计，直至20世纪40年代末，国际教育协会（IIE）接手这一任务。

③国际教育协会（IIE）。1917年，纽约城市学院政府与国际关系教授史蒂芬·达根（Stephen Duggan）有感于美国社会对国际事务的浅薄无知，同卡内基国际和平基金会（CEIP）受托人尼古拉斯·莫里·巴特（Nicholas Murray Butler）提出

建立一个促进美国高校开展国际知识学习的国际教育组织，在帮助美国人更好地理解外部国家的同时，也相应地使外国人获得准确的美国信息。此举获得了时任国务卿的鲁特的支持，1919 年 2 月 1 日，国际教育协会（IIE）作为卡内基国际和平基金会的一个部门正式成立。此时，这一协会的总目标为通过教育组织促进国际友好，为（美）国内外教育交流人员提供信息与建议。

组织教师与学生交流是协会早期的主要工作之一。"一战"结束后，欧洲国家面临教师荒，哥伦比亚大学师范学院的鲍尔·门罗（Paul Monroe）建议资助美国高校的教师利用休假时间前往欧洲的学校教学，并向卡内基国际和平基金会争取旅行资金。截至 1923 年，共计 45 名美国教授参与此项目。在学生交流领域，协会以学生能力作为选拔的标准，成功与多个国际组织合作举办了多场美国学生赴外游学活动。同时，它还负责管理一些基金会与外国政府的交流奖学金。除了交流工作，协会还作为信息中心帮助美国学生争取留学的机会，发布美国高校等组织的奖学金信息，建立学历评估标准审查外国学生取得奖学金的资格，并在必要的时候为外国学生提供资助。

1927 年，在卡内基公司与劳拉·培尔曼·洛克菲勒纪念基金会的组织与资助下，协会进行了重新改组，专司国际教育活动。除上文所述工作外，20 世纪30 年代协会还发起了新的交流项目，如暑期夏令营项目、大三学年留学项目、工业管理学习交流、拉美交流项目和交流奖学金项目。同外国学生友好关系委员会的国际教育项目相比，协会的国际教育活动的主阵地在美洲与欧洲。

④国际教育联盟（IEC）。1984 年，国际教育联盟由一群代表联合国协会和世界事务理事会的学者在圣路易斯组织成立。在丹佛斯基金会、洛克菲勒基金会和詹姆斯·麦克唐奈基金会的支持下，国际教育联盟开启了一个教师教育项目，项目以暑期研习班和研讨会为主要形式，为教师教授外国文化以及美国与世界各地的关系提供新的信息和教学技能。后来，国际教育联盟举办了学习世界历史和地理的夏季学院以改善美国历史的教学，并获得了美国教育部的三次资助。

1994 年，国际教育联盟放弃了非营利的定位，加入了一个当地的服务机构——合作学区（CSD），该机构为 50 多个学区和三分之一的密苏里学生提供服务。至今，国际教育联盟仍然是密苏里州社会科教育的领导者，为社会科协调员和世界历史教师提供信息。

二、发展阶段

（一）在"软实力"的诉求中初创

美国国际理解教育理念的发端最早可追溯至 1918 年。"一战"后，美国总统伍德曼·威尔逊（Woodrow Wilson）提出了著名的"十四点和平原则"作为"建立世界和平的纲领"。威尔逊要求建立国际联盟，他宣称"如果美国的这些价值观念如自由、责任政府和机会平等能够在海外得到广泛的传播，那么其他国家就会更加繁荣"[①]。威尔逊的观念对美国国际理解教育政策的形成和发展产生了重要而深远的影响。

"二战"前夕，纳粹德国等法西斯势力为争取更多外围国家的支持而对拉丁美洲地区进行文化渗透的行为引起了美国政府的警惕。这一时期在拉丁美洲新开办的 900 所小学和中学中，有四分之三是由德国人开办的，其余属于意大利人和日本人。许多德国教授到拉美国立大学授课，拉美国家的学生和技术人员可以得到奖学金资助到德国学习。

富兰克林·罗斯福（Franklin Roosevelt）总统上台后着手实施"睦邻政策"，改善美洲国家间的关系，维护美洲大陆的和平与稳定。1936 年 12 月 23 日，"美洲和平维持会议"在阿根廷首都布宜诺斯艾利斯召开，会议通过《推进美洲国家间文化关系条约》，鼓励美洲各国协同开展学生与教师的交流活动。1937 年，国会批准美国与其他美洲国家间每年组织一名教授和两名教师 / 研究生的教育交流活动。1938 年 5 月 23 日，美国国务院主持召开美洲文化合作会议，强调教育交流带来的长远利益。同年 7 月 27 日，根据时任美国国务卿的科德尔·赫尔（Cordell Hull）签署国务院 367 号令，国务院成立文化关系司，正式负责美国对外文化关系工作，组织制度化的教育交流活动是该部门下属文化项目的三大目标之一。不过在创立之初的开幕致辞中，国务院代表直言该部门将主要依赖民间部门资助交流项目，直到第二次世界大战爆发后，美国国会才于 1940 年正式拨款 6.9万美元用于美国和拉丁美洲国家之间学生和教授的交流。

战争期间，在"总统紧急基金"（President's Emergency Fund）的资助下，教育交流活动扩展到近东、中东与非洲地区。1942 年，位于土耳其、叙利亚和黎巴嫩的美国学校也获得了资助，负责在当地推广工程、公共卫生与农业服务，美国的书籍等资料不断运往这些国家以及伊朗、埃塞俄比亚和摩洛哥的教育中心。

---

① 雷迅马. 作为意识形态的现代化：社会科学与美国对第三世界政策 [M]. 牛可，译. 北京：中央编译出版社，2003.

　　"二战"结束后，杜鲁门政府组建了国际信息与文化事务办公室（Office of International Information and Cultural Affairs，OIICA），将信息与文化工作整合融入其中，由副国务卿威廉·本顿（William Benton）等和教育组织的代表组成的总顾问委员会（General Advisory Committee，GAC）负责。至此，美国政府大规模介入国际教育的时代即将拉开帷幕。

　　1946 年 8 月 1 日，哈里·杜鲁门（Harry Truman）总统正式签署《富布赖特法案》。其具体内容包括：①授权美国将外国政府所欠债务的资金用于以下两类教育费用：资助美国公民，在国外的学校中的学习、研究、教学等教育活动，以及外国公民就读于美国海外学校的旅费、学费、生活费等开销；资助外国公民前来美国本土学校求学的旅费。②美国国务院预设的教育活动一共分为九类：派送美国学生赴外国高校留学；在美国海外学校中接收外国学生，或资助外国学生赴美本土留学的旅费；派送美国学者在外国开展高级学习和研究；派遣美国教授在美国海外初、中、高等学校中教学；资助外国学者与教授赴美国本土高校开展教学与研究工作的旅费；翻译美国当代文献著作；为前往美国海外高校的教授安排教职；资助涉及外国的人类学、文学与文化研究及其成果在美国的流通与出版；翻译外国学者的研究成果。可以说，《富布赖特法案》是美国历史上第一个与国际理解教育相关的法案，它正式以法律的形式将国际理解教育明确下来，成为支持美国开展和实施国际理解教育的政策依据，具有开创性的意义。

　　1948 年全美教育协会发表了名为《美国学校中的国际理解教育》的报告书，提出了国际理解教育要培育对人类有新的义务意识及觉悟的"良好美国市民"。报告书还指出，把培养学生的国际意识作为国际理解教育的目的，主要内容是让学生认识全球的人口、资源、环境、经济发展、国际冲突等世界性问题，让学生形成多元文化共存的观念，尊重、学习、理解不同民族和国家的文化。报告书描述了具备世界意识的美国人的理想形象。

（二）在联邦立法和机构创设中完善

　　美国与苏联的军备扩张与竞赛以及世界范围内的意识形态斗争和共产主义革命加剧了美国对国家安全的担忧，当苏联在 1957 年发射了历史上首颗人造地球卫星时，美国社会上弥漫的恐惧情绪到达巅峰。这一惊人的技术成就迅速引起了国内外人们的广泛关注，美国人们开始反思自己的社会和教育体制，是否具有实力应对两极格局的世界带来的复杂的新挑战。而美国各界对于美国国内教育的反思和批判，又推动了美国国际教育向纵深发展。

1958年9月2日，德怀特·艾森豪威尔（Dwight Eisenhower）总统正式签署了《国防教育法案》。这是自1862年《莫雷尔法案》颁布之后，联邦政府资助美国教育的另一重大举措。政府和国会一致承认国际研究和外语教学在维护美国国家利益中的重要地位，特别是那些不为美国人熟悉但日益重要的地区的知识与语言。《国防教育法案》的第六条同国际教育直接相关，同时覆盖高等教育阶段的外语教育与区域研究以及中小学教育阶段的外语教育和师资培训。联邦政府中负责管理这项法案规定的教育工作的部门是卫生、教育与福利部的教育办公室，该部门一直同高等教育界保持着密切友好的工作关系，任用了许多学术界的人员管理政府的国际教育项目。例如，美国现代语言协会（Modern Language Association）的外语项目主任肯尼斯·米尔登伯格（Kenneth Mildenberger）就担任了政府语言发展项目的负责人。

1961年，美国国会通过了《教育和文化相互交流法案》，该法案的目的包括以下三点：①通过教育与文化交流促进美国与世界各国人民相互理解；②利用美国与其他国家之间在教育、文化上的利益、发展与成就，加强美国与其他国家之间的关系，助力世界各国人民创造和平与富足的生活；③促进教育与文化领域的进步，加强国际合作，进而帮助美国与其他国家建立友好、和平的国际关系。外国奖学金委员会的成员增至12名，均由总统任命，负责选拔参与本法案规定的教育交流的学生、学者、教师、培训人员等受资者，并监督海外美国研究项目与美国现代语言与区域研究项目的运作。同时成立美国国际教育与文化事务咨询委员会，取代原美国教育交流咨询委员会，负责提供政策制定和建议，评估各项目的有效性。此外，为了实现以上教育目标，法案授权总统负责美国国际教育工作，包括：①资助美国公民赴外国学校及外国公民赴美国海内外学校学习研究与教学等；②资助美国与其他国家的学生、学员、教师、指导教师和教授之间的访问和交流；③促进美国与其他国家之间交换各类书籍（工艺类、科学类、技术类、学术类、文学类书籍）、杂志、政府出版物及上述文字作品的译本，支持教育与研究材料（包括用于教育与研究的实验室与技术装备）的分配与交换；④在美国建立文化与技术交流中心，通过合作学习、培训与研究，帮助美国建立友好国际关系，培育国际理解；⑤对于美国公民或非营利性组织（包括担任美式方法与实践示范中心的学校和机构）在海外创办、经营或赞助的学校与机构，在其成立、扩大规模、维护及运行的过程中提供帮助；⑥支持海外美国研究的开展与进步：由教授、讲师、院校、研讨会和课程促进美国文明与文化类学科（如美国历史、政府、经济、语言与文学等）的学习，对参与美国研究的外国人员提供资助；⑦加强美国学校、学院与大学的现代语言与区域研究，支持美国教师与准教师赴外留学，以掌握所在国家的语言与文化知识；同时资助外国教师赴美参加美国相关学校开展的外语培训与研究工作；⑧支持和促进医疗、科学、文化与教育的研究和进步，派出美国代表参加国际非政府组织举办的教育、科学与技术会议，并宴请外国相关人士参加由美国在海内外举办的教育、科学与技术会议；⑨鼓励学者对教育与文化交流中的问题开展独立性研究。《教育和文化相互交流法案》颁布后，美国的国际教育更具双向性，美国教育界日渐重视外部世界的知识在美国初、中等教育中的教学，即更加重视中小学国际理解教育。

1966年，《国际教育法案》在两院获得通过，此后，经总统正式签署成为法律。《国际教育法案》计划在1967—1969年每年分别拨款100万、4000万与9000万美元，授权卫生、教育与福利部部长兼顾公平与效率原则，重点推进区域研究与国际公共议题研究，加强或改进国际教育，如外语教学和课程国际化，监督学生工学—旅行项目，每年度向国会递交工作报告，帮助协调和改进联邦政府在国际教育方面的工作，等等。研究生阶段和本科生阶段的教育活动与此有相同的地方，如课程与研究资源的开发，本校师生进行国际交流，接收外国学生等前来讲学、研究和学习，等等。至于不同之处，研究生阶段的外语教学工作大部分转移到了本科生阶段，并且承接中小学教师的外语等国际知识培训工作，为更好地实施中小学国际理解教育奠定了基础。

20世纪70年代，联邦政府拨专项经费开发国际理解教育课程和教师培训项目，还成立了美国课程发展与管理协会、美国国际理解教育论坛、美国国际跨文化教育理事会等专门机构为国际理解教育提供咨询和指导。受其影响，国际理解教育迅速在美国各级各类学校中得以普及。

1981年，全美社会科协会发表了关于国际理解教育的报告，指出中小学是培养学生对待全球问题与事务的建设性态度和掌握相关知识的重要阵地，国际理解教育的目的就是培养学生具备更好地生活在一个多元、相互依赖的自然资源有限的世界中所需的知识、技能和态度。国际理解教育应该成为社会科教育的基础之一。

（三）在举国大论争中曲折发展

1986年，美国科罗拉多州丹佛市教育局第八地区办公室发表了警惕国际理解教育的报告——《吹响国际理解教育的警哨》批判国际理解教育用泛和平主义世界观导致学生出现政治上的"左倾"倾向，对于美国国家利益而言是巨大的隐患。论争很快扩展到全国范围，以科罗拉多州、明尼苏达州最为激烈。

20 世纪 80 年代末 90 年代初，知识经济和信息技术的迅猛发展助力全球一体化进程，经济全球化社会初露端倪。1992 年，教育部国际教育中心提出了 11 个与国际区域研究、外语教学和国际交流与传播相关的计划，其中"海外研讨计划或双边项目"特别强调为美国外交家提供 3～8 周的暑期研讨会，以促进他们对他国人民的认识与理解。

（四）在"9·11"事件后调整深化

进入 21 世纪，美国国际理解教育经历了转型发展。21 世纪伊始，美国遭受了"9·11"恐怖袭击，这是全球人类都无法忘却的灾难性的一天。该事件至此改变了美国与其他国家的关系，这一点也反映在教育层面。事件发生后，美国当局开始反思他们的全球教育，长期以来国际化的描述性知识的学习真的有助于培养学生的全球意识吗？能让学生成长为巩固美国国际地位，应对全球性挑战的一代人吗？ 2002 年，美国教育委员会向联邦政府递交了一份象征着国际理解教育转型的文件——《超越"9·11"：国际教育的综合国家政策》。报告建议加强美国中小学生国际理解知识与技能方面的教育，并提出了 21 世纪国际理解教育的目标。

2007 年在全美社会科全国年会报告中指出：我们现在面临的首要挑战就是让学生关注和理解他所生活的经济全球化社会，我们的学生必须从不同的文化宗教背景以及尊重、开放的生活方式中进行学习，我们的学生必须学会理解其他民族的语言和文化。为提高教育质量和国际战略地位，美国于 2012 年颁布了《美国联邦教育部国际战略（2012—2016 年）》，国际理解教育在报告中被定位为"全球竞争的基石"。

2012 年，美国发布报告《为了全球胜任力的教育——为青年人参与世界做好准备》，构建出"全球胜任力"的理论模型，并把全球胜任力与美国中小学核心课程相结合，国际理解教育开始透过全球胜任力在中小学教育中发光发热。

2018 年 11 月，美国联邦教育部在一年一度的"国际教育周"活动中发布了《通过国际教育与合作取得全球性成功》报告，更新了美国教育的国际战略。该报告重申了美国致力于在这个相互联系又充满竞争的世界让每一名学生都能做好准备，并进一步详细阐述了美国国际教育战略的三大目标：提高所有学生的全球和文化胜任力；向其他国家学习；与其他国家一起加强美国教育。此项报告再次以国家文件的形式确认了全球胜任力作为国际理解教育的核心，需要在各个教育阶段递进式培养，而初等教育和中等教育是全球胜任力的重点发展阶段。

为了应对其他国家的挑战，2021 年美国国务院和联邦教育部发表了一份联合声明，承诺接下来将支持并"重新关注国际教育"，可以说，这一联合声明的发布也标志着在过去 20 年里美国首次发布关于协调各方力量、优先关注国际教育发展的积极行动方案，以期重振美国国际教育。此外，美国国际教育研究所发布了 2022 年最新《美国门户开放报告》，它作为国际教育交流的重要基准对于美国发展国际教育也是具有重要意义的。在国际教育稳步发展的背景下，美国许多中小学开设了国际事务、国际研究、国际学习等专门的国际理解教育课程供学生选修，以期让学生深入探索其他国家及地区的历史文化，了解国际问题。

总的来讲，美国国际理解教育自进入 21 世纪以来有三大发展趋势：第一，坚持公民教育本质，强调经济全球化和数字化时代的公民素质；第二，注重美国主流意识的培育，尤为关注民主观念与批判性思维；第三，强化跨学科课程与教学，提升学生的学习成绩。这在国际理解教育的转型发展中也有所体现。

与以往的国际理解教育内容相比，新的国际理解教育历经了转型发展，具体表现为：第一，在教学中更注重学生全球胜任力的培养，加强了在评价方面的指导，希望更好地实现全球公民教育的目标。第二，国际理解教育学习的内容更加广泛和深入，不仅对全球意识知识性内容进行学习，还鼓励学校举办夏令营、开展跨国交流活动、组织文化交流等对学生进行全球意识的培养。在这个过程中重视学生的自我发展，注重学生批判性思维的培养。第三，在原有的培养目标的基础上强调国际理解教育要为美国社会培养合格的国家公民，要求培养的新一代既要积极参与其国家和基层社区的生活，又要关注世界，积极应对全球问题，机智解决全球难题，能够帮助美国在世界上维持领先水平。

第二节　美国中小学国际理解教育课程的探索

一、美国中小学国际理解教育课程目标

（一）核心的全球胜任力

在经济全球化 3.0 时代，整个世界的竞技场被夷平，个人成了主角，拥有着各自的机会，并与其他人进行竞争。在此背景下，如何才能更好地为学生做好准备，迎接一个多元化将成为常态的世界呢？这就要求学生了解世界文化多元，掌握跨文化交流与合作的能力，并能根据他人的观点反思自己的世界观，即培养学生的全球胜任力。全球胜任力与国际理解之间有着千丝万缕的关系，两者共同指向学生全球能力素养的培养以及国际理解教育的发展。

全球胜任力培养并不是一种少数人的精英教育，而是面向全美所有学生的必备技能，这不仅扩大了全球胜任力的培养范围，促进了教育公平，还间接说明了全球胜任力培养应该融入全美的中小学教育之中。事实上，在此之前，许多非政府组织就已经与全国各地的地方教育管理机构直接合作，共同推进美国国际理解教育的发展。

经济合作与发展组织（OECD）与美国亚洲协会（Asia Society）等都对全球胜任力的概念做出了解释。OECD 将全球胜任力划分为四个维度，即知识、技能、态度和价值观。亚洲协会指出，具有全球胜任力的学生具备探索世界、认识观点、沟通观点、付诸行动四种能力。为什么继 21 世纪核心素养后还要提倡培养学生的全球胜任力？美国布鲁金斯学会（Brookings Institution）的观点很好地解释了这一点：具有全球胜任力的学生不应只将学科知识和技能仅仅与在学校学到的知识联系起来，而应将这些知识和技能视为解释世界的工具，解释现象，解决问题，问一些有见地的问题，了解一些可能不太明显的基本事实，让世界成为一个更美好、更和平、更有生产力、更平等的地方。与 21 世纪的核心素养相比，全球胜任力在提升学生自身能力和素养的同时，更加强调学生如何看待这个世界以及如何为打造人类命运共同体做出积极贡献，即全球意识与全球参与。

2018 年，OECD 发布《在瞬息万变的世界中培养学生的全球胜任力》，指出了培养学生的全球胜任力的必要性。第一，全球胜任力是全球经济中就业能力

的必要条件。在这个日益复杂的全球社会中，学生需要具有较高的文化素养，能够以创造性的方式分析情况和解决新问题。他们需要在工程、商业、科学、历史、政治和环境等领域了解具有全球意义的问题。学生还需要适应不熟悉的环境，并愿意向他人学习。第二，全球胜任力是多元文化社区合作生活的必要条件。由于前所未有的全球移民，今天的学生在社区中成长，而社区变得更加多样化。他们必须能够向来自其他文化背景的人学习，这些人可能会说其他语言或持有不同的价值观或信仰。他们需要理解这些差异，并学会把它们视为有利于整个社区的潜在资源，而不是威胁。在多元文化背景下，要求学生树立正确的世界观，能够意识到民族主义和极端主义的危险。这并不意味着人们应该牺牲自己的身份、传统或历史。相反，这意味着他们应该认识到其他文化也有影响到他们世界观的传统和历史。他们应该能够以预测不同背景的人可能如何接受他们的文字、图像或想法的方式进行交流，倾听是为了理解，而不是为了判断。他们应该能够在差异之外找到联系，并能迅速发现共同点，而不容易发生冒犯行为。随着社区变得更加多样化，所有这些能力对于在社区中成功生活至关重要。第三，全球胜任力是年轻人有效地利用新旧媒体进行沟通和学习的必要条件。对于任何拥有智能手机或互联网的人来说，交流的机会是惊人的。因此，应该促使彼此相互学习，建立共同的理解，并解决共同的问题。但很明显，社交媒体也让人们有可能将自己与不认同自己观点的人隔离开来，使他们免受影响。互联网提供的匿名性减少了表达极端宗教观点、种族主义和种族仇恨的潜在风险。同时，通信手段正在加速解决全球问题所需的准确信息的自由流动，它们也使人们更容易接受现实。唯一的解药就是媒体素养，学校必须帮助年轻人学会区分哪些是宣传和哪些是可靠的信息。年轻人还需要学习如何建设性地表达自己，无论是在线上还是线下。全球胜任力的培养可以帮助年青一代管理甚至解决社会问题，2030 年可持续发展目标中列出了政治、经济和环境方面的挑战。为了使今天的学生在这个日益相互依存的世界中更好地生存和成长，面对空前的民族移徙、日益严重的经济不平等、日益加剧的种族和宗教紧张局势以及环境的巨大变化，教育必须进行改革，有必要培养学生的全球胜任力。

如今，国际理解教育的目标已远远超出其保守的字面意义，在新的国际理解教育战略体系中，实际上是培养"全球胜任力"的教育形态。近年国际教育界也进一步强调，"全球胜任力"是 21 世纪人才培养的核心素养之一。

（二）四位一体的目标

美国中小学国际理解教育的核心目标就是培养具备全球胜任力的世界公民。根据美国亚洲协会构建的"全球胜任力"指标体系来看，具备全球胜任力的个体可以理解和欣赏来自世界其他地区、宗教、民族的文化，能够清楚地认识自己与他人的观点的不同，能够与不同的受众有效地交流自己的想法，与来自不同文化体系和国家背景的人一起学习、工作、生活并将自己的想法转化为适当的行动。简言之，全球胜任力就是可以应用于世界的 21 世纪技能。详细来看，以全球胜任力为核心的美国中小学国际理解教育课程目标包括以下内容。

①知识理解方面：探索世界，学会对当前环境以外的世界进行调查。学生应能够对当前环境之外的世界进行调查，获取全球知识并形成自己的理解，并在此基础上有能力提出并探讨具有重要全球意义的问题。

②技能方面：交流想法，学会与各类人有效地沟通想法。学生在与不同的受众交流合作时，需要学会考虑他们在文化、地理、信仰、意识形态、财富等因素上的差异。

③态度价值观方面：认识观点，学会认识自己与他人的观点。具备全球胜任力的学生需要具备特殊视角，如果想要充分理解世界重大问题，他们必须能够表达和解释清楚他人、团体或流派的思想观点。

④行动方面：学会将想法和发现付诸行动以改进现状。具备全球胜任力的学生不能只满足于获取有关世界的知识，他们更应有能力付诸行动，有所作为。

二、美国中小学国际理解教育课程内容

根据相关领域学者针对美国国际理解的研究中认定的内容、各州国际理解教育教授的广泛内容以及美国联邦教育部最新发布的具备全球胜任力的个体形象来看，美国中小学国际理解教育课程的内容主要分为如下两个部分。

（一）世界各地的多元文化

世界各地的多元文化是美国国际理解教育课程的重要内容之一。学习世界各地文化的主要目的在于为不同民族、种族的学生提供平等的交流学习的机会，帮助学生获得在多元、民主化社会生存和发展所需要的知识、技能和态度，并为此创造出一个为共同利益而运作的公民道德群体。从最广泛的意义来讲，多元文化教育课程内容融合了来自不同文化背景的历史、风俗习惯、价值观、信仰和观点。在经济全球化的今天，学习世界各地文化已从一开始的追求国内多民

族的和谐延伸至追求整个世界的和谐，即追求不同的人能够和谐共存于整个地球社会。

对于美国中小学生来说，学习世界各地的文化是必要的。国际理解教育课程中的多元文化学习可以让学生重视身边和世界中的每一种文化，通过研究其他文化，认识人类种族和族裔的构成，在此过程之中，学生能够认识到不同文化的共性与差异，了解该文化对事物不同的看法。这才是每一种文化独特的魅力所在，美国中小学国际理解教育课程内容彰显出了这种独特性。

（二）美国与世界的联系

学生在思考美国与世界的联系时，会关注到美国的外交政策、各类国际组织、政治与战略利益以及成为一名合格的美国公民及世界公民需要学习的知识内容。美国公民以多种方式与全球议题和不同文化裹挟在一起，学生必须了解美国与世界的历史与当代联系。可以说，国际理解教育课程内容应该彰显出关联性和互通性。

通过以上分析，美国中小学国际理解教育课程内容包罗万象，包括责任、公民身份、个人成就、多元文化、环境等，在这个全纳的概念之下，关联着全球教育、国际教育、公民教育、21 世纪技能和发展教育、人权教育等"大概念"，并把不同的教育举措汇聚到一起。

第四章 英国中小学国际理解
教育课程的探讨

英国为适应时代变革的需要，日益重视国际理解教育的开展。随着一系列相关政策及指导文件的出台，国际理解教育课程在英国中小学得到广泛实施。通过深入探究英国中小学国际理解教育课程的开展情况及特点，总结其有益经验，可以为我国的国际理解教育课程建设提供可行性参考。本章分为英国中小学国际理解教育的历史发展、英国中小学国际理解教育课程的探索两部分。

第一节 英国中小学国际理解教育的历史发展

一、发展背景

任何教育思想的提出都不是一蹴而就的，都是由历史孕育而出的。英国的国际理解教育也是基于当时的国际及国内形势而诞生和发展的。

（一）国际主义与国际教育思想的萌芽

在 19 世纪之前，英国负责中小学教育的学校很少，大多数都是由教会经营，并强调宗教教育。19 世纪初，英格兰教会赞助了大多数正规教育，直到政府在 19 世纪末建立了免费的义务教育。与此同时，欧洲的国家主义及国家主义教育思潮开始萌芽，那个时代的主流思想认为，教育应作为推行国家政策的工具，而非旨在促进国际主义与国际理解。英国这一时期的教育深受国家主义的影响，19 世纪和 20 世纪英国的官方教育支出不断增长。

1950 年至 1951 年用于教育的支出占国民生产总值的 3.1%，1972 年至 1973 年，上述的百分率便增长了一倍，而 1977 年至 1978 年又超过了 7%，实际开支已达 70 亿镑。然而，从世界范围内来看，人们早已意识到国家主义教育存在的局限性。

早在 17 世纪，英国富有国际主义教育理想的国际教育先驱者就极力倡导将教育推出国界，开始论及发展国际理解教育并以此推进跨国教育实施的必要性。

学术界对世界上最早的"国际学校"仍然有争议，但关于英国最早的国际学校，目前能搜索到的文献表明是国际教育学会伦敦学院。1867 年，国际教育学会的创始人、英国自由派政治家和实业家理查德·科布登（Richard Cobden）在伦敦组织创办国际教育学会伦敦学院。该学校运行于 1867 年至 1889 年，这算是英国国际教育的早期尝试。

国际教育学会成立于 1863 年，科布登希望国际教育能够帮助消除战争和促进自由贸易。许多志同道合的人曾在 1855 年的巴黎博览会上讨论过这一观点。这是国际教育史上第一次成功地将国际教育付诸学校领域，但科布登在学校开业前就去世了。

国际教育学会伦敦学院于 1866 年完工，并于 1867 年正式对外开放，古典主义学者莱奥哈德·施密茨（Leonhard Schmitz）担任首任校长。当时的国际教育学会伦敦学院除了关注国际主义，还进行了许多其他的教育实验，如取消了体罚、建立了以科学为中心的课程。此外，拉丁语和希腊语的教学被推迟了，取而代之的是强调现代语言的教学。该学院第一年招收了 10 名走读生和 58 名寄宿生，到 19 世纪 80 年代，学生人数已增至 100 人，其中许多学生来自国外。这所学校由于种种原因于 1889 年关闭，校舍后来卖给了伯勒路学院。

成立于 1890 年的马塞鲁英语中等预备学校是一所位于莱索托马塞鲁的男女混合小学。这所国际学校虽然没有建立在英国本土，但其招收的学生来自当时英国殖民政府行政人员以及英国传教士和商人的子女。学校虽然没有冠以"国际学校"的名称，但是若以广义的"国际学校"来理解，这所学校也可以被视作英国海外国际学校的先驱。如今该校为幼儿园到小学 6 年级的学生提供教育服务，外籍人员的子女和当地学生都能入学。大约三分之二的学生是当地人，其余学生则来自二十多个不同的国家。

20 世纪初爆发的"一战"无疑给人类带来了巨大的灾难，人类的文明成果受到了"毁灭性"的打击，人们的生活质量也因此急速下降。在此背景下，国际主义理念反而得到了一定程度的推广和发展，许多学者开始对世界范围内的国际合作与理解更加关注。

1924 年，国际联盟的高层员工连同瑞士教育家共同创办了日内瓦国际学校。它是一所私立、非营利的国际学校，总部设在瑞士日内瓦，为服务于国际联盟和国际劳工组织而建立，旨在提供基于新教育运动进步教育原则的国际教育。自成立以来，该校的使命就是教育和平和传递包容、尊重和文化间理解等人道主义价值观念。一方面体现了为外籍人士子女提供保育职能的实用性，另一方面体现了增进国际理解、维护世界和平的理念性，为国际教育实践开启了崭新的时代。

在 20 世纪 60 年代中期，日内瓦国际学校的部分教师创建了国际学校考试联合会，后来发展成为国际文凭组织。虽然这所国际学校没有建立在英国本土，但很多英国著名教育家都参与其中并担任要职，用自身的努力为国际教育发展做出贡献。例如，英国教育家乔治·沃克（George Walker）教授在 1991 年至 1999 年担任日内瓦国际学校的校长。1999 年，他被任命为国际文凭组织的总干事。英国的泰特（Tate）博士在 2003 年被任命为日内瓦国际学校的总干事并于 2011 年至 2013 年担任国际教育系统的主席。此外，他曾任伦敦美国国际大学里士满分校的董事会主席。

简言之，19 世纪初，随着国家主义教育的弊端逐渐明显，英国国际主义与国际教育思想开始萌芽。19 世纪至 "二战" 前，许多英国国际主义教育家身体力行，其教育实践活动让人们开始意识到接受国际教育的必要性与重要性，为英国国际理解教育的发展奠定思想基础。这一时期的英国国际理解教育尚处于早期探索的起步阶段，且远未形成规模化的发展格局。然而，英国海外办学的萌芽期却将国际主义教育理念付诸实践，开启了英国国际教育实践的新时代，为后来英国国际理解教育的崛起奠定了前期基础。

（二）英国执政党派更替的局势

19 世纪末 20 世纪初，自由党逐渐衰落，工党在英国的崛起，改变了过去自由党和保守党轮番执政的态势，工党取代了自由党，开始与保守党轮流执政，并确定了英国实行两党制。从 1900 年到 "二战" 结束，英国的执政党经历了几次更替，两个党派在交替执政的过程中不断积累经验和教训，逐渐完善了两党制。

英国现在的两党分为保守党和工党：保守党主张新自由主义，强调让市场进入教育体制，相信市场的积极作用；工党则强调国家的干预，不能完全由市场决定教育的作用，国家的干预能更好地促进教育的发展。不同的执政理念有不同的教育政策，英国中小学教育改革理念与政党理念密不可分，尤其是 21 世纪以来，从布莱尔政府、布朗政府到卡梅伦政府，各政党的教育主张体现在英国的中小学教育改革中。布莱尔政府以 "第三条道路" 思想为指导，开启了 21 世纪英国中小学教育课程改革之路。"第三条道路" 对于国家干预思想和自由放任思想采取了 "折中" 的方式——既发挥市场作用，又重视政府的干预，主要在于实现教育的公平与效率。布朗政府也继承了"第三条道路"的思想，但又有所发展。卡梅伦联合政府则主张"大社会"思想，并将其思想体现在英国中小学教育改革中。

　　总的来讲，政治局势的不断变化给教育也带来了一定的影响，不同党派的执政理念不同，对教育发展的要求也会有所不同，因此，在执政党派更替的过程中，教育改革也在持续进行，这对中小学国际理解教育的发展也有影响。

（三）两次世界大战对英国社会的影响

　　19世纪末和20世纪初，欧洲大陆盛行的国家主义教育最终走向极端，战争的爆发几乎毁灭了当代文明。"一战"给人类带来了巨大的灾难，人们生活质量极速下降，这在很大程度上推广了国际主义理念，许多有识之士开始关注世界范围内的国际合作与理解。而经历了"二战"的英国人民和世界人民一样，也是急切渴望世界的和平与发展。战后国民经济受创，人们开始寄希望于教育，想要通过教育改变当时的社会现状，于是造成了社会对教育需求的激增，同时让人们开始反思如何实现多元民族、不同文化与语言间的相互理解、沟通、交流与合作。

　　总的来讲，两次世界大战使各国都受到了重创，人们都向往和平的生活。英国的政治、经济同样受到了战争的影响，并且人们逐渐意识到国家发展离不开世界的和平与发展。为促进战后社会重建、国家发展，需要重视发挥教育的作用，因此，国际理解教育逐渐走进英国人的视野。

（四）近现代英国中小学教育改革的趋势

　　英国作为欧洲最古老的国家之一，政治文化底蕴深厚而独特，国际影响力跌宕起伏而长盛不衰，从"日不落帝国"到现代资本主义发达国家，英国教育发展历程悠久，教育成效举世目睹，牛津大学、剑桥大学让无数学子心生向往，伊顿公学闻名于世。经过两次世界大战，英国政治、经济的国际地位大幅下降，为修复战争对经济的破坏，提升英国综合国力，适应信息化、经济全球化的时代，英国在政治、经济、文化方面进行了一系列改革，中小学教育课程改革便是其中之一，英国努力在21世纪人才竞争中拔得头筹。在当前科技兴国、知识经济发展的背景下，新时代的竞争主要在于人才的竞争，为此，英国意识到教育发展对提升国际竞争力的战略作用，尤其是加强中小学教育对提高本国教育质量的促进作用。

　　英国作为曾经资本主义国家的领头羊，具有独特的教育传统和丰富的教育改革经验，不仅对英国联邦甚至是世界各国都有广泛影响。因此，如何在教育改革中兼顾教育传统与新兴人才培养要求成为英国中小学教育改革需要思考的问题，为此，英国对中小学教育课程改革进行了一系列探索，具体阐述如下。

1689 年，英国在资产阶级革命中取得胜利并成功进入近代社会后，开始对中小学教育不断进行改革。1833 年政府开始干预教育，英国教育有了显著的发展。19 世纪末 20 世纪初英国的垄断经济进一步发展，并且称霸于世界，有"日不落帝国"之称。"二战"后，英国政府为了使中小学教育能够适应社会变革的需要，根据不同情况制定了相应的教育政策，并且不断对中小学教育政策进行修订。其中，《1988 年教育改革法》的实施对英国中小学教育而言是一次伟大的尝试。1988 年对教育的改革开创了英国实施国家课程的先河，国家课程改革从课程目标、课程内容与结构、课程评价等方面展开，具体分析如下。

1988 年国家课程目标指出，应注重学生精神、文化、道德等方面的培养，使学生能更好地适应社会的需求，能独立面对社会，承担应有的责任，为社会做出贡献。从中可以看出 1988 年国家课程的目标是宽泛的，没有细致地提出具体的要求。

1988 年颁布的国家课程规定义务教育阶段的每个学生必须学习新的课程，课程由十门基础学科组成，其中数学、科学和英语是核心学科，剩下的学科分别为历史、地理、威尔士语、音乐、美术、体育和技术。除此之外，宗教教育也是必修课之一。这些课程构成了英国中小学的课程结构，具体如表 4-1、表 4-2 所示。在此背景下，第一次使得英国中小学课程内容趋向统一。

表 4-1　英国中小学全国统一课程门类及各类课程所占比例

项目	课程类型			
	核心课程	基础课程	宗教课程	其他课程
课程名称	数学	历史	宗教	家政
	英语	地理		古典文学
	科学	技术		
	威尔士语（仅适用于威尔士地区）	音乐		
		美术		
		体育		
		威尔士语（仅适用于威尔士地区）		
比例	70%		30%	

表 4-2　英国主要学科新教学目标和学习大纲实施计划

时间	学年分类			
	第一学年	第二学年	第三学年	第四学年
1989 年秋	英语			
	数学			
	理科			
1990 年秋	英语	英语	英语	
	数学	数学	数学	
	理科	理科	理科	
	设计与技术		设计与技术	
1991 年秋	英语			
	数学			
	理科			
	设计与技术			

　　从表中可以看出科学不仅是基础课程之一，更是核心课程之一，这是英国紧随时代科技主题发展，提升国际竞争力做出的适当调整。国家课程的实施，既是英国 20 世纪末对教育课程统一做出的一次伟大尝试，对英国中小学教育事业发展具有重要意义，也为 21 世纪英国中小学教育课程改革做出了范本。

　　1988 年国家课程规定了新的学段方式，将 5～7 岁、7～11 岁、11～14 岁、14～16 岁四个年龄段作为划分依据，共 4 个阶段，称为关键阶段，并对各个关键阶段设置成绩目标，成绩目标下有 10 个水平层次，这个水平层次是可以浮动的。例如，关键阶段 1 结束，大部分的学生应达到 2 水平，对于基础差的学生可以到达 1 水平，优秀的学生可以到达 3 水平。此外，教师也参与到关键阶段的评价中，教师根据学生的日常生活表现和作业完成情况等，对学生能达到的水平层次做出评价。

　　纵观 1988 年英国国家课程的改革可以知道，这是英国国家课程改革伊始，却是革命性的一步，国家新一轮课程改革也延续了 1988 国家课程的精神和理念，并结合 21 世纪新时代特征对核心课程和基础课程进行了调整和改变。

　　21 世纪以来，英国历任政府结合当时英国教育现实对中小学教育进行了调整，如 2000 年布莱尔政府发布 2000 年国家新课程标准；2008 年布朗政府实施新一轮国家课程改革；2014 年卡梅伦政府在"自由、责任、公平"理念下对国家课程进行调整；当前背景下，约翰逊政府也出台了相关文件，对学校教学进行指导。

英国中小学教育改革主要围绕课程改革进行，改革内容广泛而深入。从强调学生学习的知识性到技能性知识的传授，从关注普通学生到特殊群体，从教育质量到教育公平，英国中小学教育改革涉及多层次、多方面，旨在关注每一个学生，让学生更好地应对新时代的生活。同时，英国在中小学教育改革中有自身的亮点，课程理念与时俱进，培养新时代的公民；在课程改革中广泛征求意见；课程实践兼具统一性和灵活性，除了国家课程的学习，学校和教师还能灵活安排其他主题的学校课程。此外，还有独具特色的中学公学教育、学校和社区合作育人、社会教育资源的渗透与补充等。

现阶段，在世界各国交流与合作日益紧密、国际竞争日益激烈的背景下，培养具有全球视野的人才成为各国教育的重要任务，因此，英国在中小学教育改革中融入国际理解理念也成了必然趋势。

二、发展阶段

英国在中小学开展国际理解教育经历了三个阶段：以非政府组织行动为主的初步发展时期（1934—1989 年）、政府机构指导发展时期（1990—1999 年）、逐步系统化的蓬勃发展时期（2000 年至今）。

（一）以非政府组织行动为主的初步发展时期（1934—1989 年）

从 20 世纪 30 年代到 80 年代末，英国对于开展国际理解教育的热情并不高，政府没有出台相关政策，但是在这一时期非政府组织在发展中小学国际理解教育上做出了贡献。1934 年英国文化协会成立，它是英国促进教育与文化交流的非政府组织的国际机构，负责组织管理英国对外文化交流活动，并且一直是英国最有影响力的国际文化交流机构。

乐施会起源于 1942 年的英国牛津郡，该组织的目标和宗旨是：助人自助，对抗贫穷。乐施会教育项目的开展跨越了种族、性别、宗教和政治的界限，致力于帮助贫困地区的失学儿童和成年人获得基础教育，并支持教师培训。除此之外，乐施会教育项目的开展培养了学生积极参与世界的能力，增强了学生进行国际沟通的意识，推动了英国中小学国际理解教育的发展。

1945 年，37 个国家根据盟国教育部长的提议在伦敦举行关于教育及文化组织的会议，并在会议上签署了《联合国教育、科学及文化组织组织法》，由此，诞生了联合国教育、科学及文化组织，简称联合国教科文组织，这一组织为维护世界和平，促进全世界范围内人们的相互理解与宽容，提出了国际理解教育这一观念，之后国际理解教育理念逐渐受到各国的重视。

20 世纪七八十年代，英国开始了世界学习运动，这一时期，英国政府对国际理解教育持冷淡态度，其在英国的学校中处于边缘化和非官方的地位，此阶段称为国际理解教育的曲折时期。

在这一发展阶段中，英国政府虽然没有重点关注国际理解教育的开展，但是英国文化协会和乐施会等非政府组织以及英国学校自发地推动着中小学国际理解教育的发展，只是不够系统，整体发展还处在一个比较朦胧和边缘的状态。

（二）政府机构指导的发展时期（1990—1999 年）

20 世纪 90 年代对于英国中小学国际理解教育的发展来说是一个重要时期，英国政府改变了之前对发展国际理解教育所持有的怀疑态度，为发展国际理解教育而付诸行动。英国政府的参与指导为 21 世纪英国中小学国际理解教育能够蓬勃发展做了良好的铺垫。

这一时期，半官方组织以及非政府组织继续推动着中小学国际理解教育的发展，并且政府机构付诸的行动对推动其发展发挥了重要的指导性作用。英国加入欧洲共同体后，成员国间的交流日益紧密，随之英国政府开始关注欧洲其他国家的教育。1994 年 10 月 3 日至 8 日，联合国教科文组织在日内瓦召开第 44 届国际教育大会，其主题是"国际理解教育的总结与展望"，所传达的会议精神为世界各国在新时期应该如何开展国际理解教育指明了方向。会议上通过的《第 44 届国际教育大会宣言》总结了发展国际理解教育过程中所取得的成就以及存在的问题，并指出了迫切需要进一步将国际理解理念融入中小学课程和师资培训中去。由此，英国政府机构正式开始投身于在中小学发展国际理解教育。

1997 年，英国工党上台，结束了近二十年的保守主义改革。到 20 世纪 90 年代末，经济全球化方面的内容被吸收到国家课程的所有阶段、所有学科和整个学校活动中。国际理解教育在此阶段处于上升时期。

1992 年，英国教育部与科学部颁布《教师职前教育改革》文件，提出 27 项教师基本技能以及对各项技能的鉴定方法。其中，针对国际理解教育问题提出了新的标准要求：将解决文化问题的基础放在使新手教师能够形成个体性的社会和文化差异的意识上。

1997 年，英国工党提出两个重要教育议程，其中之一就是要求教师采用辩论和讨论的教学方式，培养学生成为社会中的积极公民。

1998 年，英国资格与课程局递交《科瑞克报告》，根据该报告的建议，英国教育与就业部提出从 2002 年 8 月起英格兰和威尔士所有中等学校为 11 ～ 16 岁学生开设一门新的必修课——公民教育，在小学虽不强制但也鼓励开设公民教育课。

从时间的跨度来看，这一阶段的时间并不长，但是最明显的成就就是英国政府开始参与发展中小学的国际理解教育，这一转变对英国中小学国际理解教育的发展具有重要的意义。

（三）逐步系统化的蓬勃发展时期（2000 年至今）

进入 21 世纪，政府机构在支持政策和实践等方面的积极举措以及 2005 年伦敦连环爆炸案的发生，使整个英国自上而下地更加重视国际理解观念，英国中小学国际理解教育开始迅速发展起来。英国政府逐渐重视将国际理解教育融入中小学课程，相继颁布了一些指导性文件和法律文件。

2000 年，英国教育和技能部、联合发展教育协会和国际发展部等部门首次颁布《开发学校课程中的全球维度：课程和标准指南》，并于 2005 年对其修订后再次颁布，此后分发到英国所有学校，其中详细说明了如何把一种国际与全球维度整合到所有学校课程科目和更广泛的学校生活中并成为学校课程不可分割的组成部分，要求中小学校的校长、高级管理者、各州州长、地方教育局、教师和早期教育工作者重视并积极在不同科目的课程中充分开发其中的国际的和全球的内容。

布莱尔政府 2002 年颁布的《2002 年教育法》中提到，注重学生教育素质均衡发展，衔接好社会与学生关系，构建精神、道德、文化各方面均衡发展的课程体系，提升学生的综合能力。《传递结果：一个面向 2006 年的战略》中提及对英国中小学教育的展望，在改革取得成就的基础上，进一步提高质量。布莱尔政府指出，目前初等教育学业质量已有提升，应再接再厉，继续为儿童提供学习机会，以优异的成绩为升入中学打下基础，并提高中等教育的学业标准。

2004 年《麦克佩尔森报告》在第六十七条中建议：重新考虑国家课程中有关强调多元文化和避免种族歧视的条款，以便更好地反映一个多元文化社会的需求。

2006 年 11 月颁布，2007 年 9 月起付诸实施的《教师专业标准》凸显了对教师国际理解素养的要求。《教师专业标准》分为三部分，即"专业素质""专业知识与理解"和"专业技能"。第一部分，首先明确了"师生关系"，要求教师对学生具有高期望值，全力确保他们能够充分发挥教育潜能，并与其建立平等、尊重、信任、支持性和建设性的关系，同时对学生表现出积极的价值观、态度与行为。第二部分，特别是在该部分的"成绩与多样性""健康与福利"中分别对教师所承担的国际理解教育角色做了详细的规定。第三部分明确了在教学上要求教师做到应用多种教学策略和资源，包括电子化学习、顾及多样性、促进公平等方面。

2007 年 6 月，托尼·布莱尔（Tony Blair）向英国女王辞去首相一职，原英国财政部部长戈登·布朗（Gordon Brown）成为下任英国首相，布朗政府同样重视英国中小学教育改革问题，并出台一系列关于英国中小学教育的政策性文件。儿童、学校和家庭部 2007 年发布了《儿童计划：构建更加美好的未来》白皮书，旨在让英国成为最适合儿童成长的国家。为实现这一教育设想，在白皮书中提到的战略目标有：改革英国教育制度以达到世界级水平的标准；英国青少年个人发展达到世界一流水平；为 18 岁以下未成年学生最大限度地实现自己的潜能提供条件等。

英国教育与技能部于 2007 年颁布了《课程回顾：多样性和公民意识》，提出在公民教育中加入国际理解教育理念，要求中小学不仅要在英语、数学、科学、设计与技术、历史、地理、音乐等课程中渗透，还要充分利用信息通信技术，通过信息通信技术，使学生学习如何了解不同文化和地区的有用信息，让学生能够通过网络技术渠道收获更多的有用信息，潜移默化地提高学生的国际理解意识。2007 年，英国资格与课程局颁布了修订之后的英国中等学校的国家课程标准，并于 2008 年 9 月开始实施新修订的课程标准。

为使让处境不利的学生及弱势群体有公平的教育机会，2008 年 6 月政府出台《国家挑战：提高标准，支持学校发展》，报告中对他们的帮助是显而易见的。报告中阐述：帮助改造薄弱学校，提高教育质量，以促进英国中小学教育均衡发展。2009 年，儿童、学校和家庭部规划了英国新世纪学校及孩子的蓝图，《你的孩子，你的学校，我们的未来：建立 21 世纪的学校制度》中更是提及了英国教育质量，它以为英国建立起世界一流教育体系为战略目标，被视为对白皮书《儿童计划：构建更加美好的未来》的继承和完善。布朗为期三年的执政期间，发布的白皮书内容承前启后，不断修改完善，以提高英国的中小学教育水平为目标，为实现英国世界一流教育体系这个宏伟目标而不断努力。这些文件在指导英国中小学教育发展的过程中都要求融入国际理解的元素。

2014 年 8 月 26 日，国际发展部更新了其在 2013 年 3 月 25 日出版的《全球学校合作伙伴地方政府补助金》指导性文件，旨在用该基金支持建立合作伙伴关系以及国际关系，专注于国际理解教育。

随着经济全球化的发展，国际理解教育已经成为各国教育的重要课题。英国全球思维于 2016 年 6 月出版了《发挥我们的作用：全球思维未来十年至 2026 年的战略规划》，其设定了三个战略目标：①年轻人参与全球挑战，为更加公正和可持续的世界采取行动；②离开学校的年轻人作为全球公民，具有良好的全球理解和行动的能力；③广泛的群众可以更好地了解发展问题，从而为实现公正和可持续发展采取行动。这三个战略目标体现了全球思维致力于培养全球公民，而发展国际理解教育是实现该目标的重要途径。

2019 年，英国教育部出台《国际教育战略：全球潜力，全球增长》，更加聚焦于早期教育、外语培训、国际贸易的联合发力。此后，英国教育部又和国际贸易部于 2021 年 2 月 6 日联合发布了《国际教育战略：支持恢复，驱动增长》政策报告。新国际教育战略的发布是对 2019 战略的一次更新和延续，并将发展国际教育提升到国家层面。报告指出英国将在政府、教育部门以及国际关系中开展深入合作。在此背景下，深入研究和发展英国中小学国际理解教育越发受到重视。

2022 年 9 月 1 日，英国教育部发布的新版《确保儿童在教育中的安全法定指南》开始生效，其中规定了学校保障 18 岁以下儿童安全所必须采取的措施。该文件也为英国更顺利地实施中小学国际理解教育提供了重要的安全保障。

这些文件的颁布为英国中小学实施国际理解教育提供了指导性建议，为国际理解教育与学校教育的融合指明了方向。政府及非政府组织的政策指导，学校与教师的积极配合和贯彻实施，是国际理解教育能够在英国中小学广泛开展的重要因素。

从进入 21 世纪到目前来看，英国中小学国际理解教育得到了迅速的发展，并且形成了较为完善的发展体系。无论是政府机构，还是半官方机构和非政府组织都在积极地推动中小学国际理解教育的发展，并取得了不小的成就。从英国中小学国际理解教育的发展中可以看出，英国并没有独立设置国际理解课程，而是将国际理解融入教育教学过程之中，这正是英国中小学推行国际理解教育课程的独特之处。

第二节 英国中小学国际理解教育课程的探索

一、英国中小学国际理解教育课程政策

英国中小学国际理解教育从产生到现在，政府机构出台了众多关于国际理解教育的政策文件，乐施会、发展教育协会等作为最早推动英国国际理解教育发展的非政府组织也颁布了一系列指导性文件，这些政策对英国中小学国际理解教育的开展起着重要的指导作用。

（一）课程政策内涵

在讨论英国中小学国际理解教育课程政策之前，首先要对课程政策的内涵有一定的了解。课程政策为教育政策的外延。课程政策即国家教育行政机关、主管部门制定的针对某一课程的教学安排、课程设置考核评价等教学活动的指导方针与行动准则，具体表现为政策文本与政策实施，即静态课程政策与动态课程政策。此概念比较宽泛，课程政策呈现为具体化的政策介质。课程政策介质的范围虽广，但一般指承载并传递课程政策意志的教学大纲或要求（课程标准）、教科书（教材政策）、课程评价（考试政策）等方面的实体文件。

（二）主要政策总结

21世纪以来，为推动中小学开展国际理解教育课程，英国政府及非政府组织相继颁布了一系列政策文件，如2000年英国教育和技能部联合发展教育协会和国际发展部等部门颁布的《开发学校课程中的全球维度：课程和标准指南》，并于2005年进行修订；资格与课程局2007年出版的《行动中的全球维度：学校课程计划指南》；发展教育协会2009年制定并颁布的《共同探索：中学课程中的全球维度》；教育部2014年修订并颁布的《英国国家课程：纲要文件》；乐施会2006年出版的《全球公民教育：学校指南》（2015年修订）和2015年出版的《课堂中的全球公民教育：教师指南》；乐施会及公民基金会2016年共同编制的《全球学习的跨学科课程方法：小学指南》和《全球学习的跨学科课程方法：中学指南》。

英国颁布这些文件的共同目的是要将国际理解教育融入学校及课堂教学中，期望培养学生的全球思维和能力。

二、英国中小学国际理解教育课程实施

为了在中小学更好地发展国际理解教育，英国政府机构在出台政策、开展项目等方面提供了支持，并具体落实到学校中去。英国的非政府组织，如乐施会等也做出了巨大的贡献，不仅出台了相应的政策，而且通过资助学校来传播国际理解的理念。正是由于英国政府机构、非政府组织、学校、教师、家长、学生等社会各界的共同努力，才使国际理解教育在英国逐渐扎根并发展壮大起来。

（一）课程实施内涵

在讨论英国中小学国际理解教育课程实施的具体途径之前，首先要对课程实施的内涵有一定的了解。关于课程实施的概念，不同的学者有不同的观点。其中，有的观点认为课程实施是将课程计划付诸实践的过程。它是实现预期目标的一条基本途径。课程实施本身涉及的问题广泛而复杂，任何一个新课程计划的实施都将涉及目标、内容、组织结构、方法、评价乃至教学环境等一系列的变革过程。还有观点认为课程是教学。从决策层次来看，课程分为国家课程、地方课程和学校课程；从课程的运行层面来看，课程分为理想课程、官方课程、校方课程、所教课程、所学课程和所得课程。

一般来讲，课程实施是一个动态的过程，是将课程计划付诸实践，实现其预期的目标。课程实施的理论基础主要涉及以下两个方面。

①课程实施取向理论。课程实施取向是人们对课程实施过程本质的不同理解以及这些理解所反映出的课程价值观，体现了人们对课程实施的基本观念和看法。根据美国课程学者辛德尔（Snyder）、波林（Bolin）和扎姆沃特（Zumwalt）等人的研究和归纳，课程实施最常见的三种取向是：忠实取向、相互调适取向和创生（或缔造）取向。忠实取向是指在课程实施过程中忠于原有的课程计划或课程方案，将课程实施视为一个直线执行方案的过程。评价课程实施成功与否就是看教师是否严格地执行了课程计划，课程计划被执行的程度越高、越严格，课程实施的效果就越好。相互调适取向认为课程实施是在课程目标、课程内容和课程组织等方面，课程变革方案与学校实际情况相互调整、相互适应的过程[①]。换句话说，课程实施是课程方案的制订者与课程方案的执行者根据实际教学情境共同对课程进行协调的过程。持相互调适取向观的学者认为课程实施是一个连续动态的过程，许多课程方案在理论上行得通，但是在实际的教学环境中因为各种因素的

---

① 尹弘飚，李子建.再论课程实施取向［J］.高等教育研究，2005（1）：67-73.

影响并不能完全体现出设计者的意图，因此教师有必要根据实际情况做出调整和改造。创生（或缔造）取向认为真正的课程是师生共同创造的教育经验，原有的课程计划在这个过程中只是一种可供选择的媒介或工具。这一取向主张在课程实施过程中最大限度地发挥教师和学生的主体性，教师是课程的开发者，课程实施的过程就是师生自我发展和自我建构的过程。

基于上述对三种课程实施取向的分析，每种课程实施取向都存在其合理性，但也存在一定的局限性，它们之间是相互包容、相互补充的关系。国家规定的教育课程的内容和形式等是经过相关领域的专家反复研究和论证的，具有科学性和可行性，但是不同地区、不同学校的教育情境不同，对课程进行适当的、符合实际的调试也是应当的。因此，在课程实施过程中，不能只采纳单一的取向，应该综合考虑各种因素，对于课程方案中科学合理的部分采取忠实取向，而对于不合适的部分采取相互调试取向甚至创生取向。

②多元智能理论。多元智能理论的代表人物是著名教育心理学家霍华德·加德纳（Howard Gardner）。智能是一种潜能，看不见、摸不着，更无法测量，是否可以激活这些潜能取决于特定的价值观和许多其他影响因素。举例来讲，在国际理解教育课程实施中学生可以通过不断探索国际理解观念以及国际文化知识，激发所擅长的智力，培养理论学习和实践创新能力，使自身在国际理解教育课程中得到个性化的发展，这就是一种智能的体现。

教师应在课程实施过程中找到每个学生身上的闪光点，依据学生不同的水平和差异，激发学生的潜能，使学生个体都得到最大化发展。教师不仅要传授知识，还要教学生如何运用知识，并将其内化为文化素养，使学生在共性发展中谋求个性发展，培养学生的探索、实践、创新能力。多元智能理论从宏观层面为课程的实施提供了一定的理论支撑。

（二）课程实施途径

英国中小学的教学内容及教学方式比较灵活，因此为学校和教师开展国际理解教育教学活动提供了更广阔的空间。英国中小学国际理解教育课程的实施方式主要包括进行课程渗透、设置跨学科课程、培养教师的国际理解素养、建设特色校园文化和共享网络教育资源五种方式。

1. 进行课程渗透

课程渗透是英国中小学开展国际理解教育课程的主要方式之一。通过这种方式，教师在讲解课程内容的过程中向学生渗透了国际理解理念。

（1）英语课中的渗透

在威尔士的西邦尔初级学校，学生在英语课上可以接触到各种各样的文化。学校为了培养学生对阅读的兴趣，在教室及图书室中添置了各类书籍，这样学生除了课堂学习外，在平时也可以进行阅读，加强对英语的学习。该学校的做法不仅增添了学生阅读的乐趣，也增强了他们与同龄人和成年人交流的信心。学生可以通过阅读和学习故事、诗歌等，了解更多关于他们自己的身份以及自身与世界的关系，帮助他们培养国际理解的意识，为他们能够逐渐成为世界公民做铺垫。

苏格兰的爱丁堡学院高级中学运用一系列的古典与当代文学和其他媒体，让学生观察周围的物质世界，试图让学生通过思考有关人们生活的各种道德、社会和心理问题来激发自身的想象力。学生基于思考的材料进行讨论和辩论，并通过分析性写作、书信、日记、故事、诗歌等方式反馈自己的思考。该学校也注重培养学生的阅读兴趣，鼓励学生阅读各类诗歌、戏剧和散文等作品，通过阅读、写作、听力和口语等方式来提高学生的英语水平，培养学生探索世界的好奇心和兴趣，让学生以参与者的身份去感受世界和不同文化的魅力。

两所学校在遵循国家课程标准的同时，以启发式教学法为基础，教师以培养世界公民为核心来丰富课程内容并开展课程教学，通过在英语课程中渗透国际理解理念，引导学生感受世界文化，培养他们的国际理解意识。

（2）科学课中的渗透

北爱尔兰的奥桑普森文法学校设置了科学俱乐部，允许八年级和九年级的学生在放学后去进行各种各样的实验和调查，扩大他们的知识面。例如，科学俱乐部的成员如果在学校的温室里成功地种植了植物和蔬菜，则可以为食堂供应有机蔬菜。除此之外，学生建立的野生植物园和鸟类饲养场在维持生物多样性上起到了重要的作用。该校以实验法开展的科学课，不仅让学生学会了科学知识，也能让他们体验到实践的乐趣，并且达到了可持续发展的教育目的，维护了生态环境，促进了国际理解教育的发展。

英格兰的格兰顿小学以"尊重、关心和体贴、意识、独立"为培养目标，力图通过学校教育使学生能够适应21世纪的需要，能够立足于他们所生活的社会及世界，因此该学校在课程设置上与国际理解理念紧密联系。例如，在科学课上为学生设计"水的运输、功能及要求""水循环"以及"保持身体健康"等章节。通过传统的课程学习方式，学生可以了解水资源的重要性，了解生命的可贵，增强他们保护水资源和可持续发展的意识。

两所学校的科学课程设置虽然不同，但目的都是引导学生了解自己所生存的世界，意识到资源的有效利用对于保护生态环境的重要性，培养他们的国际理解意识，使他们能够树立正确的世界观、人生观和价值观。

课程渗透是开展国际理解教育较为普遍的方式，英国中小学自由灵活的教学方式使国际理解的理念能够与课程相融合，具备国际理解意识的教师可以通过教学引导学生了解全球性的问题，有效地增强学生的国际理解意识。

2. 设置跨学科课程

英国中小学非常重视通过跨学科课程引导学生学习全球知识、探讨国际问题、理解多元文化，全面而深刻地培养学生的国际理解意识。教师会围绕有关国际理解的某一主题组织教学内容，通过学科之间的共同合作，帮助学生学会比较不同的学科和理论观点，深入探讨社会问题，提高综合理解能力，学会使用对比方法阐明一个或一系列问题，从而促进学生学习的综合化，使学生的知识结构和知识体系成为一个紧密联系的整体，使学生形成整体知识观和生活观，以全面的观点认识世界和解决问题。以下是学校通过跨学科主题活动开展国际理解教育的案例。

（1）模拟"帕丁顿熊"活动

《帕丁顿熊》是 2014 年上映的一部喜剧电影。影片主要讲述了一只来自神秘秘鲁丛林的小熊，由于一次突如其来的灾难家园尽毁，因而不得不被婶婶送上开往伦敦的轮船。来到伦敦后，小熊希望找到新的栖身之处。幸运的是，小熊得到了布朗一家的帮助，在一起战胜了一直要将小熊做成标本的利森特之后，布朗一家最终接受小熊作为家庭的一分子。

在此影片上映后，英格兰的多丁赫斯特教会初级学校的三年级教师将此影片中的帕丁顿熊的故事与现实相结合，使用问题教学法开展课程教学，并以课堂角色扮演的方式让学生身临其境，亲身去体验移民者的经历，体会在陌生国度遇到种种问题时的感受。

教师在文学课上，以"我可以理解一个角色吗？"的设问方式开始为期一周的活动课程。教师带领学生观看并讲解《帕丁顿熊》，引发学生思考并讨论"如果他们有一天不得不只带一个手提箱而离开英国的心境"，然后以同理心为出发点指导学生进行写作。在第一节课上，学生通过角色扮演，彼此采访"关于帕丁顿熊离开秘鲁到达伦敦的经历"，然后学生利用他们的采访结果创作出他们自己的作品，以表达他们对故事讲述中的移情和性格的理解。最后，教师为学生播放一个孩子不得不离开自己国家的真实故事，帮助学生理解难民的真实故事，培养他们的批判性思维能力并转化为写作能力。

在这个活动中，教师以问题教学法、探究教学法、演示法、谈话法、讨论法及角色扮演法等教学方法，在教授学生基本文学知识的同时培养他们的批判性思维能力、写作能力，帮助他们树立同理心，以此让学生更好地理解难民移民问题，从而使学生能够抛弃种族歧视的思想，建立与人为善、人人平等的观念。

（2）神奇的柏林圣诞之旅

北爱尔兰的巴利克来中学非常重视国际交往，该校是北爱尔兰第一所被连续五次授予"国际学校奖"的学校。2012年12月8日星期六，15名巴利克来中学的小学部学生和锦绣小学的7年级学生共同去柏林旅行三天。这次旅行促进了巴利克来小学和锦绣小学的学生的德国语言学习与文化学习。

巴利克来中学运用参观法、发现法、探究法等方式，让学生深入了解不同国家的文化，并进行语言学习，有利于促进国家间的文化交流，增强学生对彼此文化的理解，提高他们的国际理解意识。

（3）"贫困与健康"主题活动

在英格兰的奈特里小学，一位教师在其五年级的班级中运用瑞典卡罗琳学院国际卫生学教授汉斯·罗斯林（Hans Rosling）的"在线互动图表数据平台世界网站"中的"国家的财富与健康"基本图，让学生根据阅读去了解贫困与健康的关系。

对于圆圈标注的国家和地区名称，教师用地球仪和地图向学生进行展示和讲解。除此之外，为了更加全面地理解图表，教师指导学生用数学知识来解读图表，解读图中国家处于x轴和y轴的位置，读取数据并分析数据，从而理解其中的含义。教师引导学生分析国内生产总值最高和最低的国家，再让学生分享他们对于"为什么各国之间会有这样的差异"的问题的思考与理解。

在开展这个活动的过程中，教师运用讲授法、讨论法、演示法及问题教学法等方式开展教学，不仅让学生锻炼了阅读理解能力，还让学生学习了数学、地理等相关知识，并且有利于激发学生对全球问题的批判性思考，引发学生对贫困和可持续发展问题的关注。

（4）"战争与和平"主题活动

在英格兰西北部的阿什顿安德莱恩镇，有一所小学的六年级教师以"战争与和平"为主题，通过多学科合作的教学方式引导学生感受战争与和平。文学课上，教师向学生讲述了一些近现代发生的战争，其中学生对伊拉克战争感触较深，并在课堂上展开了讨论。讨论过后，他们在音乐课上与来访的音乐家沟通创作了与战争和和平相关的歌词和音乐。配乐完成后，他们利用一些时间共同创作了一部戏剧。在艺术课上，学生设计并制作服装和道具，最终学生将完成的作品在学校进行表演，大获好评。

教师将三门课程相结合，运用讲授、讨论及演示的教学方法，促进学生积极地参与课程学习，主动感受国际理解教育。学生不仅学习到了相应的知识，还在自身参与的过程中感受了战争与和平的意义及影响。通过这次课程的开展，学生更加懂得了和平的重要性，增强了他们互相理解与包容的意识。

英国中小学开展的关于国际理解的跨学科课程并非学校统一规定的，不同学校、不同年级甚至不同班级都有自己的特色，学校设置跨学科主题活动的灵感主要源于国际问题、国际节日、影片和校际联系等，其举办方式虽然较为灵活，但其主旨都是通过开展国际理解教育，拓宽学生的国际视野，端正他们面对全球问题的态度，培养他们解决全球问题的知识与技能。英国中小学教师利用跨学科课程有效地将有关国际理解的知识传授给学生，使国际理解的理念能够潜移默化地影响学生。通过对一个问题进行多学科的学习，学生既提高了知识水平，也培养了国际理解意识，跨学科课程成为英国中小学开展国际理解教育的一个有效途径。

3. 培养教师的国际理解素养

经济全球化背景下，国际理解教育成为世界各国教师培养的重点。可以说，良好的国际理解素养是推进有效课程教学的基础。英国为在职教师设置了国际理解教育培训的相关项目和机构，使在职教师的国际理解素养培养有了依托。同时，有专门的研究体系，使教师的国际理解素养培养不会迷失方向，培训的课程内容等方面正确而合理。下面介绍几个对教师进行国际理解素养培养成绩比较突出的项目或机构，同时对国际机构和组织的了解也是国际理解教育的一部分。

（1）英国文化协会创办的校际连线

英国文化协会创办的校际连线是一项国际理解教育项目，它旨在提供免费的培训，提高教师的教学实践能力和拓宽教师的国际视野。

①协会简介。1934年，英国文化协会成立，目的是促进英国文化和教育的交流与发展，并为英国以及其他国家的公民创造国际交流的机会。随着经济全球化的深入发展，通过教育促进各种文化的交流、促进可持续发展、培养全球公民成为各个国家的共识。英国文化协会顺应经济全球化的发展，创办校际连线项目，通过与全世界成千上万的教师开展合作与交流，帮助他们发展适应经济全球化的知识、技能和价值观。

②培训方式。校际连线通过为教师提供更多的出国机会来增进教师对其他国家文化和教育体系的了解。同时，还开设针对教师的国际理解教育课程，培养年

轻教师，使教师有足够的知识和技能开展国际理解教育。此外，还通过资助教师在其他国家进行学习，提高教师的教学能力。在教师培训方面，主要是通过在线课程以及"面对面研讨会"。其中，"面对面研讨会"不仅为全球四十多个国家的教师提供了免费的研讨会和课程，还为其提供相互交流和学习的机会。

③培训内容。该项目主要开设五门课程：一是跨文化和全球意识，二是跨文化实践，三是深入了解全球公民，四是合作交流课程，五是为参与国际交流的教师提供信息通信技术课程培训。

英国文化协会根据全球学习计划课程的标准设立国际学校奖，其中对教师的实践有具体的评定标准，如表4-3所示。

表4-3　国际学校奖中对教师实践的评判标准

全球学习计划课程等级	内容	国际学校奖中对教师实践的评判标准
一级	教师对自身国际理解方面的知识很自信，并且可以使用教学手段发展学生的技能和价值观	奖项关注教师自身的发展，并且强调经济全球化的主题、参与，对全球公民和文化的理解
二级	教师有能力通过课程和课外活动培养学生成为积极的全球公民	奖项明确强调教师能够培养全球公民
三级	教师可以使用有效的技能为学生提供连贯的国际理解知识和体验	奖项强调在课程中嵌入全球公民教育，并且教师之间相互协作

（2）乐施会组织编写的关于国际理解教育的教师手册

乐施会作为一个非政府组织，对国际理解教育领域的发展起到了非常重要的作用。

①组织简介。非政府组织的历史往往是该组织的宝贵资源，这在一定程度上是因为这种历史暗含着丰富的经验，而乐施会就是一个有着悠久历史与丰富经验的非政府组织。乐施会成立于"二战"期间的英国，并在非洲独立后进入非洲开展工作，其组织目标也从最初的救济与福利逐渐转向系统性的贫困治理。

乐施会原名为牛津饥荒救济委员会，起源于1942年的英国牛津。在第二次世界大战期间，当时的欧洲出现了许多缺乏生活保障的难民，许多人在战争和封锁中饿死。正是在这一背景下，英国牛津的一些神职人员及慈善家发起成立了英国牛津饥荒救济委员会，其目的就是向难民运送粮食以缓解欧洲的饥荒问题。在

"二战"结束后，乐施会开始将目光转向世界各地受到战争和灾害影响的地区。在20世纪50年代，乐施会参与了对印度饥荒、希腊地震、朝鲜战争、匈牙利事件、巴勒斯坦地区难民的人道主义援助，这使乐施会的地位日益提升。

20世纪60年代，乐施会参与了联合国粮农组织发起的"免于饥饿运动"。在这一过程中，乐施会开始对饥饿和贫困的根源产生兴趣，并争取对慈善事业进行新的诠释，其中包括对饥饿和贫困根源与救济方法的研究。在这种背景下，乐施会开始在多个国家开展长期工作以解决产生贫困的根源。冷战结束后，在联合国千年发展目标期间，乐施会将联合国的各项目标与自身的战略相结合，提出了经济正义、基本服务、危机中的权利、性别正义四项目标。非洲是乐施会在这一时期治理贫困的重点地区，乐施会每年都会将大量的资金投入非洲的贫困治理与援助中。

乐施会共有21个成员，它们共同致力于消除贫困、公平贸易、性别平等、艾滋病防治、饥荒与气候问题等方面的工作。乐施会总部位于肯尼亚首都内罗毕，由乐施会国际秘书处负责协调与领导所有成员的工作。在2018—2019年，乐施会在全球超过90个国家开展工作，同超过15 000个伙伴合作援助了1 950万人的生活。

在众多国际非政府组织中，乐施会依靠充足的资金与众多合作伙伴而拥有着较强的实力。

一是资金充足。任何一个组织的正常运转都离不开资金的支持，而非政府组织作为非营利、公益性的行为体，充足和稳定的资金对于它们来说十分重要。乐施会恰恰就是一个有着丰富资金来源的国际非政府组织。根据能够查阅的最早的记录，乐施会至少在2012年时其收入就已经超过了9亿欧元，且在2014—2019年5个年度，每年的收入达到了惊人的10亿欧元。而经常与乐施会同时提及的其他国际非政府组织很少有如此庞大的资金支持，如凯尔国际在2017年的收入为3.8亿欧元，还不及乐施会的一半。从收入的来源看，乐施会各分支机构的所在国政府以及民间的定期捐赠占有较大比例，如在2018—2019年，二者分别占16.3%与15.4%，而欧盟、联合国、其他非政府组织的捐款甚至遗产捐赠也是乐施会的重要收入来源，可见乐施会有着充足的资金支持与多元的募资渠道。

二是合作伙伴众多。合作伙伴的数量是衡量非政府组织实力的重要标准之一，它是非政府组织开展工作的重要资源。国际非政府组织兴起的背景与全球政治和全球公民社会密切相关，可以说非政府组织本质上就倾向于通过跨国联系寻求合作伙伴。同时，由于国际非政府组织的地位无法超越国家这一行为体，因此一个国际非政府组织仅依靠自己的力量很难在某一领域做出重要贡献。只有借助伙伴网络的支持，非政府组织才能尽可能地扩大其影响的范围。

乐施会有着广泛的伙伴网络。借助于众多伙伴关系的建立与维持，乐施会能够在非洲等地区从国家到社区的各个层面产生影响力。在乐施会的各类合作伙伴中，超过40%的伙伴为国内的非政府组织。与本土非政府组织合作是许多国际非政府组织开展工作的重要方式。借助与本土非政府组织建立的联系，乐施会可以将自己的理念与方法传播到基层的农村和社区，同时，乐施会也能够听到来自底层人群的声音。

此外，学术研究机构、NGO跨国网络、其他国际非政府组织也是乐施会的重要伙伴。学术研究机构为乐施会提供了"智力"支持，如海外发展研究院、伦敦政治经济学院的国际不平等研究所等都与乐施会有密切的联系。

②培训方式。目前，乐施会的工作范围非常广泛，涉及促进发展更合理的和可持续的世界，强调对年轻人教育的需要，深化他们对全球问题的理解，发展他们对一系列观点和态度进行批判性评价的能力，并且促进年轻人态度和行为的改变。

乐施会组织编写教师手册的目的是，为参加一级国际理解教师课程的教师提供支持，指导教师把所学运用到课堂实践中。该手册的内容包括：一是关于国际理解教师奖的介绍、教师看法以及什么是国际理解教师；二是国际理解教育的地位；三是为什么以及如何把国际理解方面的知识融入课程中；四是思考的视角；五是批判性的读写能力；六是如何衡量学生态度的改变；七是培养全球公民。

③培训内容。乐施会为培养全球公民开发的课程所提供的框架结构，至今仍然具有很大的影响力。其把有责任的全球公民的关键要素分为三个方面，即知识与理解力、技能以及态度和价值观。

乐施会组织编写的教师手册中有一个关于"教育目的"的活动课程，有八个选项：教育是一种政治手段；教育反对宿命论，教育关键是把希望变成行动；教育是为了使被压迫者和压迫者解放自己；教育是一种对话，克服沉默和恐惧的传统氛围，形成批判性思维；教育不是传授知识，而是共同学习探讨；教育并不意味着驯化，而是使人自由发展；教育不是孤立进行的，而是与其他社会活动相互作用的；教育需要爱和信任。活动要求参与者选择感触最深的一个选项，并积极与他人分享并讨论自己的想法。

手册还对关于"什么是全球公民"的讨论课程进行了具体的说明。对于"全球公民"的讨论，不同的人有不同的理解。有的人认为，它是为了帮助克服贫困；

有的人认为，它是为了形成具有竞争力的全球一体化；还有人认为是对文化具有开放的意识和思维。部分原因是"全球公民"是一个涉及多方面的概念，没有一个具体的定义说明它是什么。但也正是因为它是一个被不同背景的差异巨大的人类压缩的包含一些重要和有内涵的事情的概念，使得它被越来越多的全球性组织使用并被整合进公民的、政治的和大多数重要的主流教育思维中。

4.建设特色校园文化

学校的领导者、教师与家长、学生共同合作，积极参与国际理解教育教学活动的设计与开发，构建特色校园文化，促使整个学校处于国际理解教育的文化氛围之中，更有利于国际理解教育课程在英国中小学的传播与发展。

英国威尔士的伊索尔梅塞德恩综合中学在2015年开始参与"威尔士全球学习计划"，目的之一就是致力于成为一所"尊重权利的学校"。这所中学接纳了来自叙利亚的难民学生，在课堂上，教师引导学生一起探讨难民危机的原因，鼓励学生对人民的运动进行批判性的思考；叙利亚学生分享他们作为难民生活在威尔士的一些感受。此外，该校的学生在学习了《儿童权利公约》后，还设计了关于权利的横幅或标语挂在学校里进行展示。

伊索尔梅塞德恩综合中学通过开展各种教育教学活动，帮助学生理解他人和了解全球问题对个人的影响，培养本土学生以包容与理解的态度对待难民学生，从而在整个学校形成一种尊重人权、摒除种族歧视的文化氛围。在这种氛围的熏陶下，学生能够清晰地了解自己的权利以及如何使用权利，进一步知晓人与人之间的密切联系，逐渐形成全球问题意识与社会责任感，具备成为全球公民的良好的国际理解素养。

英国伦敦的托利亚诺初级学校的领导团队认为通过构建校园文化的方法来开展全球公民教育是学校取得高成就的基础。该校的课程将全球主题与国家课程内容相结合，并关注读写与计算技能，同时将《儿童权利公约》作为学校风气建设的核心。

全球公民教育与联合国儿童基金会的尊重人权学校计划相结合共同促成了托利亚诺初级学校课程的变革，提高了教学质量，增强了家长与社区的参与性以及学生的学习动机。该校的课程鼓励学生把他们的学习与周围的世界联系起来，学会尊重人、尊重多样性以及关心和理解他人。此外，学校鼓励学生及其家庭成员一起参与"讲出来"活动，使学生能够与社区分享他们的学习，对全球发展问题的态度进行调查，并向当地议员和其他观点领袖发表他们的观点。

国际理解理念渗透在托利亚诺初级学校教育教学活动的各个方面，学校尊重学生的权利，鼓励家长及社区参与校园活动。在这样充满尊重、包容、和谐的文化氛围中，学生拥有表达自己观点的权利，有助于提高他们的自信，培养他们的问题意识、创造性思维以及社会责任感，也有利于为卓越的中学教育提供基础。

综合上述两个案例，构建特色的校园文化对于英国中小学开展国际理解教育来说是一种有效的途径，有助于促进更广泛的群体接触国际理解教育，有利于在潜移默化中培养学生的全球公民素质。

5. 共享网络教育资源

21世纪，科学技术迅速发展，人们进入了信息化时代，网络逐渐渗透到人们的生活、学习和工作等领域。英国中小学紧跟时代发展，将信息技术融入学校教学当中，通过网络教育资源共享的方式，使学校能够更有效、更广泛地向学生传播国际理解理念。

（1）"图书信托社"官网

图书信托社是英国最大的儿童阅读慈善机构，每年都会在英国通过书籍、资源等方面的支持将图书传递给250万名儿童，帮助他们培养对阅读的兴趣，希望通过阅读可以改变儿童未来的生活。英格兰和威尔士的儿童从一岁时就已经开始接触图书信托社的旗舰项目——"从书开始"。图书信托社为各个年龄段的人群提供服务，教师、家长和学生都可以在官网上自主查阅书单和阅读资源。此外，该慈善机构还设置了相关的项目和奖金，以鼓励儿童进行阅读，培养他们的阅读兴趣。图书信托社所推荐的书目内容较为广泛，儿童通过阅读这些书籍不仅可以探索地球上的生物的奥秘，还可以了解各国文化和全球问题等，从而在阅读的过程中逐渐建立全球意识，更加懂得包容与理解的重要性。

（2）英国广播公司学校教育网

英国广播公司是世界上最大的公共广播公司，也是长时间以来在国际社会广受好评的公共媒体的代表，在全球具有较高的知名度。

在英国广播公司的发展历史中，"公正、客观"一直是其宗旨，正是基于公正、客观的理念，英国广播公司赢得了世界媒体界较好的声誉。英国广播公司主要由监管委员会负责，常设16个部门来分管公司日常事务。英国广播公司一方面接受着来自公众的执照费，另一方面又接受政府资助，但是其标榜的"公正、客观"始终在彰显着其"不依附于政府"的口号。

作为英国最大的新闻广播机构，英国广播公司对英国教育的发展起着推动作用。英国广播公司针对青少年，即中小学的学生开设了英国广播公司学校教育网，该网站根据英格兰、威尔士、北爱尔兰和苏格兰的课程体系分别提供相应年龄段的教育资源，学生、家长及教师可以随时享受在线学习资源服务。英国广播公司充分考虑了浏览网站人群的多样性，设置了多语言的功能供浏览者选择，充分体现了人文主义精神，以及国际理解中理解和包容的理念。该网站在提供的课程中设置了全球性的课程，如在苏格兰的第二水平阶段中，该网站在人、地点与环境课程上以不同国家为例，让学生在接触知识的同时感受世界文化；在英格兰的关键阶段3中，该网站在人、社会与健康教育和公民教育课程上以全球视野为学生提供相应的课程，促进学生更加了解世界，为学生能够成为合格的世界公民做准备。学生可以根据网站的视频进行相应知识的学习，这些视频剪辑与生活息息相关，有利于学生获得真切的感受，培养他们求知的兴趣。全球性课程的设置也能够让学生在学习中了解世界，增强国际理解的意识。

除了以上两个网站外，还有全球思考、全球维度、英格兰全球学习计划及威尔士全球学习计划官网等，这些网站的建立为国际理解教育的传播与发展提供了便利条件，从学生个人到其他社会各界人士都可以通过查阅网站信息来了解全球问题，接触国际理解教育，培养国际理解意识，增强解决全球问题的技能。

英国中小学开展国际理解教育课程的实践不仅限于此，这些实践案例充分体现了英国中小学在实施国际理解教育课程的方式上是灵活多样的。通过进行课程渗透、设置跨学科课程、培养教师的国际理解素养、建设特色校园文化和共享网络教育资源这五种方式，有效地实现了国际理解教育理念在英国中小学教育教学活动中的融合。这五种方式为教师和学生提供了更多的学习与交流的机会，不仅开阔了他们的视野，还使他们了解了不同国家、不同种族以及不同地域的文化，使其能够以理解与包容的态度去对待周围的人与事。

三、英国中小学国际理解教育课程评价

为考察课程实施的效果及与预期目标的差距，需要通过课程评价来进行检测。英国中小学的办学理念是以学生发展为本、提高学生的综合素质。那么，及时有效地对学生的课前、课中及课后学习进行评价，可以更为直观地反馈课程实施效果。因此，为探寻英国中小学国际理解教育课程开展的价值、课程实施的效果以及学生国际理解素养的培养情况，英国采取了相应的评价机制。

（一）课程评价内涵

在讨论英国中小学国际理解教育课程评价机制之前，首先要对课程评价有透彻的认识。清楚课程评价是什么以及开展国际理解教育课程评价的重要性是实施课程评价的前提，有助于课程评价方式的有效选取。

课程评价的概念界定最早源自美国著名教育家泰勒（Tyler）的《成绩测验的编制》，其中提到课程评价是一种根据既定的衡量标准，基于对被评价课程相关信息的全面收集对其各实施环节进行价值判断的活动。我国对课程评价的研究虽稍晚于西方，但在发展过程中呈现出"百花齐放"的态势且内涵丰富。在全国教育学研究会常务理事施良方看来，课程评价是指对课程在改进受教育者学习方面的价值做出判断的活动或过程[①]。若以价值判断为视角，还有研究者提出课程评价的重点是对课程标准、课程计划、使用教材以及课程实施的具体效果进行评价，并进一步指出，课程评价是对学校课程显性或隐性的价值做出判断，从而不断完善以达到教育增值的目的。而以实用性为切入点，相关学者更强调课程评价是以课程决策为目的，基于对课程的教育理念和目标设计，使用科学合理的研究方法系统化收集、分析和处理课程相关信息、数据，对方案计划、课程实施及取得结果等问题做出的诊断与反馈。还有与此类似的观点，即以技术手段为依托，以课程理念和目标定位为起点，诊断课程实施的各环节，致力于为课程决策改进、质量提升提供有力支撑。

当前，我国关于课程评价概念的研究往往兼顾价值判断与判断结果的反馈与实践。课程评价统筹事实判断与价值判断，脱离事实判断的课程评价与没有涉及价值判断的课程评价无法从根本上解决问题，两者在评价活动中是辩证统一的关系。总的来讲，课程评价就是在整合课程价值判断和实施事实判断的基础上，以学校人才培养目标为导向，通过契合课程实际的具体评价指标对课程方案设计、实施及成效等方面进行系统评估以改进和完善实践活动的过程。

（二）课程评价方式

课程评价的原则属于课程评价方法的理论依据，相当于方法论。而方法论是一种以解决问题为目标的理论体系或系统，通常涉及对问题阶段、任务、工具、方法技巧的论述。方法论会对一系列具体的方法进行分析研究、系统总结，最终提出较为一般性的方法与举措。

[①] 施良方.课程理论：课程的基础、原理与问题［M］.北京：教育科学出版社，1996.

1. 主要方法

英国中小学国际理解教育课程评价的方法主要包括诊断性评价、形成性评价、终结性评价和发展性评价，具体分析如下。

（1）诊断性评价

诊断性评价是指在教学活动开始之前对学生进行诊查判断，包括了解学生的学前学习情况、检测学习障碍等，同时它还具有识别功能，识别那些高于或低于零点的学生，根据实际情况，制订合适的教学方案。诊断性评价的目的是在教学活动之前对学生的"履历"进行了解，根据学生的实际情况进行教学计划的设计和教学内容的选择，同时利用诊断功能，对学生学习中的问题进行诊断并采取相对应的措施。在教学过程中，诊断性评价是指在学期开学时，对学生的学前情况进行摸底了解，包括技能掌握情况、学习兴趣、学习动机等，根据学生的总体情况进行一学期教学计划的安排；同时根据摸底结果，对学生的学习问题进行诊断分析，制订针对性的诊断性方案，缩小学生之间的差距，使每一个学生都得到应有的发展，促进整体水平的提升。

诊断性评价常用的方法包括定性分析和定量分析两种：定性分析的方法主要包括课堂观察、诊断性日志等，定量分析的方法主要包括摸底测试、问卷调查等。

①课堂观察。课堂观察是教师进行诊断性评价的重要手段，课堂观察主要是在教学过程中对学生课堂表现的观察，根据学生在课堂上所传递的信息，教师及时地做出诊断。观察学生基本功练习的积极性与规范性，从而判断学生是否真正掌握了此项基本功；观察学生对新授动作的反应、动作的完成情况，以判断教学内容的吸收情况；观察学生对小组互动练习的参与程度，对于参与积极性不高的学生教师要及时进行分析等。

②诊断性日志。诊断性日志是进行诊断性评价的一种方法，它是以教师为执笔者记录表现尤为"突出"的学生的学习过程。通过观察，将学生的学习过程以及学习过程中的变化记录下来。采用诊断性日志的方式，不仅有利于教师了解学生的学习状态与过程，及时调整教学方案，同时也是一种非常好的成长记录方式。

③摸底测试。在大多数课程中，学习内容前后具有非常大的关联。对于某一课程来说，开学前的摸底考试非常有必要。摸底测试的内容主要包括基础的基本功检测等。教师切记不要编制非常难的测试内容，要时刻明确摸底测试的目的，明确学生是否达到本学期教学目标与内容设定的基本要求以及检测学生的学习障碍，以便对症下药。

④问卷调查。"问卷调查法"又叫书面调查法、问卷法、填表法等，它是指使用严格设计的表格与问卷，通过书面形式收集学生的资料，并研究与分析调查结果的评价方法。在大多数课程中应用问卷调查法，能实现对学生实际学习情况的分析和评价，进而明晰其是否达到教学目标所设定的要求，为后续的教学设计提供有效参考。

（2）形成性评价

形成性评价，又称过程性评价，是指在教学过程中即时、动态、多次对学生实施的评价。其特点就是在教学活动实施的过程中对学生进行评价，而由于教学活动为一个动态的过程，其评价伴随着教学过程也必然具有动态性。形成性评价的目的在于改进教学。首先，通过在教学过程中进行多种形式的评价获取信息，包括学生学习状态、学习方法以及教学活动中存在的问题与出现的状况；其次，针对评价所反映出的问题及时调整改进下一步的教学计划，以保证教学的顺利进行，高质量完成教学目标。形成性评价不是针对学生学习成果的评估与鉴定，也不是甄别学生的好坏，结果不重要，重要的是通过评价发现教师教学或学生学习中存在的问题，及时改进，提高教学质量。它的本质在于反馈问题，目的是改进教学活动，并进一步优化学生的学习。

从功能上来说，除了最基本的鉴定功能，形成性评价对于学生学习与教学也有着诸多方面的影响。

第一，导向功能。形成性评价通过对教学过程的评价与分析，使学生了解到教学中哪些是重要的内容以及需要重点关注学习的部分，使其将精力集中在重要的目标方面，抓住主要矛盾，提高学习效率。

第二，诊断功能。依据评价所收集到的数据，可分析出目前学生完成学习目标及知识掌握的程度，并判定学生是否为后续的学习奠定了必要的基础。对于学生自身来说，可以更加了解自身的学习情况，进一步识别出自己在教学活动中的优势与不足。教师对当下教学出现的矛盾和问题做出理性分析与判断，从而及时调整解决，以免影响教学计划安排。

第三，反馈功能。这是形成性评价最主要的功能，通过评价能够及时地向教师反馈教学进度与学生掌握的程度，让教师能够做到"心中有数"，同时也能够让学生认识到自身当下存在的优势与不足，为今后教和学的改进提供依据。

第四，强化功能。不同形式不同阶段的形成性评价，可以为教师改进教学的策略提供机会，强化教师对下一步教学计划的安排与实施，学生也可据此改进学的策略，从而不断强化练习尚未掌握的技能和巩固已有的学习成果。

第五，激励功能。对于教师来说，在评价中对于学生所取得的成绩和进步进行适当鼓励，能够激发学生的成就动机，逐步培养学生的自信心和自我效能感，提高其学习积极性，从而提升教学效率。

第六，从学生的长远发展来看，基于这些持续的形成性评价意见，能够进一步促进个人发展预期与规划的形成，从而影响其后续学习计划乃至职业生涯设计。

（3）终结性评价

终结性评价是指在教学结束时进行的教学评价。它的目的是对整个教学过程或其某个重要部分取得的较大成果所进行的更为全面的评价，因而它是一种评定分数、划分等级的评价。终结性评价主要用于评定学生针对一学期、一学年或某个学习课题的教学目标所达到的程度，判断教师用的教学方法是否有效，并全面评价学生的学习效果。此外，终结性评价具有形成性评价的职能，通过终结性测验，及时地反馈，有助于学生了解自己的学习情况，从而改进学习方法。反馈不仅可以把学生的注意力集中到学习任务的某些重要部分上，而且可以提高学生的学习兴趣。

（4）发展性评价

发展性评价的本质在于多主体参与评价，促进学生全面发展，而非鉴别和选拔。它是指通过系统地搜集评价信息和进行分析，对评价者和评价对象双方的教育活动进行价值判断，实现评价者和评价对象共同商定发展目标的过程，旨在促进被评价者不断地发展。也就是说用发展的眼光去看待学生，让学生感受到自己的优势与价值，以此促进学生的个性发展以及全面、和谐发展。

基于上述对四种评价方法的理论分析，具体到英国中小学国际理解教育课程，则是在《行动中的全球维度：学校课程计划指南》中强调教师在设计课程时要注意三个重要的问题：①你期望达到什么目标？②你会怎样组织学习？③你达到目标的效果如何？这三个问题贯穿了课程设计、课程实施及课程效果的全过程，属于发展性评价；前两个问题是在课程实施之前教师对课程设计的一个考量，属于诊断性评价；第二个问题不仅涉及课程实施前，在课程教学过程中教师也是要不断进行思考和调整的，因此属于形成性评价；第三个问题是在课程结束后，教师对课程教学结果的反思，可归属于终结性评价。

2. 具体举措

由于国际理解教育课程不属于英国中小学的法定课程，因此不需要以考试的方式来检验学生的学习效果。基于诊断性评价、形成性评价、终结性评价和发展性评价四种课程评价方法，英国教育界大多采用KWL（Know-Want to know-

Learnt，知道—想知道—学会，简称 KWL）网格、李克特量表、评价轮以及教育科研法等手段对国际理解教育相关课程及活动进行评价。

（1）利用 KWL 网格

KWL 最初由美国学者唐娜·奥格尔（Donna Ogle）在 1986 年提出。这一工具借助可视化图表来提出问题，通过三个板块——"我知道的""我想知道的""我学到的"，融通学生的"已知""想知"和"学知"来进行教学。有研究发现这一工具可以有效激活学生相关的知识经验，帮助学生梳理新旧知识间的联系，从而完善知识体系框架。

可以说，KWL 是一种以建构主义为理论基础，以学生为主体，引导学生在学习过程中主动提问的教学工具。在该工具的运用过程中，学生借助 KWL 学习表格，通过"我知道的"回顾与本节课相关的知识，接着通过"我想知道的"提出本节课想要解决的问题，在教师的引导下和小组的合作中完善所提出的问题并以此为基础提出更多的问题，最后在"我学到的"环节解决问题并产生更多新的问题。与常规教学工具相比，KWL 注重的是学生在小组合作交流中，通过自主阅读、不断质疑去发现和学习新知识。教师作为指导者，主要起着引导和鼓励的作用。这一过程，既可以让学生通过回忆以前的知识，降低对当前主题的理解难度，还可以促进学生不断思考，深入提出问题，让学生通过小组合作应用知识解决问题，并通过对未来学习的期待或导向，在新知识与旧知识之间迅速地建立起联系，使学习目标更加明确，学习目标更容易实现。可见，KWL 在一定程度上能够发展学生的提问能力。

综上所述，这个工具适用于小组学习及教学，但是最关键的一点还是该工具适用于学生个人的评价。教师可以在开展关于全球问题的主题课程前将表格发给学生，向学生解释本次的课程主题，接下来让学生在课前填写"我知道的"和"我想知道的"部分，然后开始进行本次主题课程的教学。在教师讲授完课程内容后，可以允许学生进行思考，再来填写网格中"我学到的"部分。填写完成后，可以将三列内容进行比较，形成对自己本节课程接受效果的评价。教师也可以将表格回收，以此来分析课程实施的效果，掌握学生形成全球问题意识的程度，反思主题课程设计的利弊。

（2）设计李克特量表

李克特量表是美国社会心理学家李克特（Likert）于 1932 年制成的，是在总加量表的基础上改进而来的。它是由一组陈述语句形成的表格，根据受访者对每一陈述句的态度不同，按照"非常同意""同意""不一定""不同意""非常不同意"这五种回答，分别对应了5分、4分、3分、2分、1分。通过求得受访者这些陈述句的总分即可反映其态度情况。

一般来讲，使用该方法的基本步骤如下。

①列出大量与所测问题有关的陈述句。

②根据所测问题的实际情况，将每一陈述句均按照"有利""不利"两种进行分类。通常情况下，所测问题对应的这两种情况均有一定数量。

③对部分的受访者先进行陈述句有利或不利的判断，确定好该陈述句对应的问题分类情况。

④邀请每一位受访者逐项进行打分，对应的态度分别有"非常同意""同意""不一定""不同意""非常不同意"五种。若该项目为有利的判断，则从"非常同意"到"非常不同意"，分值由5到1。若该项目为不利的判断，则从"非常不同意"到"非常同意"，分值则由1到5。

⑤对于每一位受访者的打分情况，分别计算打分总和，并依据总和的高低情况，将分值对应的受访者列入高分组与低分组。

⑥对于每个项目在高分组与低分组的情况，为了进行项目的选择，可以采用计算平均值的方法，在高分组中找出平均值较高、低分组中找出平均值较低的项目，即选择项目。

总的来讲，将这个量表运用在国际理解教育课程评价上，有助于了解学生在课程结束后能够达到的目标。例如，在《课堂中的全球公民：教师指南》中以全球公民技能表为例，见表4-4。其展示了李克特量表作为一个自我评估的工具是如何使用的。

表4-4 全球公民技能表

高分	1	2	3	4	5	低分
作为团队的一部分工作得很好						作为团队的一部分工作得不好
为讨论做贡献						没有为讨论做贡献
容易听取别人的意见						发现很难听取别人的意见
做好计划						做不好计划
获得的技能：						
改进的地方：						

全球公民技能表采用"五点"量表，根据对观点的认同程度，依次从低到高表示为：1—非常不同意、2—不同意、3—不一定、4—同意、5—非常同意。教师可以在课前向学生分发这个量表，学生可以进行课前自评；接着，教师进行关于国际理解话题的课堂活动或教学；课程结束后，教师重新发量表给学生，学生再次填写；学生填好后，可以自己对比两份量表，进行自我评估，也可以由教师收取量表，进行终结性评价，评价学生的进步与问题以及课程的实施效果。此外，相关教育学者及研究者也可以利用李克特量表，采用问卷调查的定量研究法，评估学生在国际理解教育相关课程中获得的知识、技能、态度与价值观情况。

（3）制定评价轮

评价轮显示了满足特定目标的程度。这项活动可以单独进行，也可以分组。将两个同心圆分为几段，每个段代表一个不同的目标，如所用的技能或完成的动作。学生或多或少地在内圈的各个部分着色，以显示每一个目标是如何成功地实现的。外部的楔子可用于注释。如果要对国际理解教育课程进行评价，教师可以将制定好的评价轮分发给学生，让学生在课前和课后分别进行涂色，以此来检测学生听课的效果以及检验国际理解课程的实施对学生产生影响的程度。当然，学生也可以通过自己制定评价轮来评估自己的学习状况，评价自己接受国际理解教育后受到的影响。

（4）采用教育科研法

除了中小学教师对实施的有关国际理解教育的课程及活动进行评价外，投身于国际理解教育方面研究的学者专家也会通过问卷调查法、访谈法及观察法等教育科研方法来评估国际理解教育课程在中小学的开展情况。例如，有学者通过深入课堂观察、录音数据分析等途径对相关学校进行调查分析与对比，评估学生受国际理解教育影响的程度。这种评价方法通常被学者当作学术研究的一种重要手段，评估结论最终会以学术论文或调研报告等形式呈现出来，可以供英国中小学参考并以此来评估与反思自己学校开展国际理解教育课程的效果及存在的问题，以便不断改进国际理解教育课程的内容与形式，促进国际理解教育课程在英国中小学更好的实施。

第五章　日本中小学国际理解教育课程的探讨

当前，随着教育全球化进程加快，日本中小学国际理解教育进入蓬勃发展、全面实践阶段。因此，为了更加透彻地研究日本中小学国际理解教育课程，我们有必要从日本中小学国际理解教育的历史发展以及探索历程进行分析，从而为我国中小学国际理解教育课程教学提供可操作的实践方法。本章分为日本中小学国际理解教育的历史发展、日本中小学国际理解教育课程的探索两部分。

第一节　日本中小学国际理解教育的历史发展

一、日本中小学开展国际理解教育的背景分析

（一）日本中小学教育改革

1. 教育政策演变

日本战后改革教育政策的重要目的是配合社会民主制度，振兴国家经济发展。战后日本经济凋敝，民生问题严重，如果从国民产出来看，日本的人均收入是处于中等收入阶段的，但实际战后的人民生活水平可能并没有到达相应水平，这可能是由生产的目的性（战争）所致。战后教育改革的一项重要作用是改造军国主义思想，铲除极端国家主义，建立"民主社会"教育体制。此次教育改革包括实行小学、初中免费义务教育，男女同校，扩大高等义务教育，设置成人教育和社会教育等。这些措施极大提高了入学率，促进了教育公平，扩大了教育对象的范围。

日本在 1949—1950 年，逐步确立了"六·三·三·四"制现代教育体系，为战后民主主义教育体系的建立奠定了重要基础。到了 1955 年，由于经济得到

一定的恢复，教育政策的制定开始注重服务于经济。20世纪五六十年代，日本提出一系列教育规划及草案，重在根据社会和经济发展的需求，提高教育质量，核心是适应经济高速增长的需要。此时社会主张竞争主义、鼓励人才开发，教育政策成为经济政策的附属。20世纪60年代，日本经济进入高速增长阶段，此时的教育政策旨在培养高技术人才和保障中等技术人员的数量，目的是满足产业界对工人种类的需求，为此日本教育界多次修改教育法。这个时期教育改革颇为积极和大胆，教材改编紧跟时代前沿，学习难度也相应地增加。事实也证明，在这个阶段日本培养的人才在后三十年为日本的科技发展储备了大批人力资本。而日本也在20世纪70年代前后进入了高收入国家，步入新的发展阶段。

20世纪中后期，日本人均收入达到高收入阶段，经济增速开始放缓。第三次教育改革也随着社会发展而展开，与之前教育改革不同的是，此次教育改革展开的背景是日本在经济发展上已经积累了一定成就，不再模仿西方，开始结合自身文化、社会特点，探索教育的发展方向。20世纪末，科学技术飞速发展，技术变革时刻发生。对科学教育的重视是各国教育政策的显著倾向，为了抓住科学技术发展的先机，为即将到来的21世纪培养前沿的科技人才和高素质公民是日本进行第三次教育改革的目的。第三次教育改革受到了新技术革命的影响，政府更加重视教育在社会发展中的作用，制定"科技立国"的教育发展规划。

在这个阶段，日本重在拓展初等教育和中等教育的多样性，进一步提出了"终身学习"这一理念，而在高等教育改革中，对研究生教育进行多元化制度改革，使其更加灵活和高效。到了21世纪初，日本再次提出"教育立国"和"科学技术创新立国"的主张。由此可见，进入高收入阶段后，日本对教育的重视不减反增，更加看重教育在科学技术发展和经济发展中的作用。日本教育改革具有显著的自上而下推进特征，教育改革花费了日本大量的人力和物力，日本的教育事业发展为日本的经济发展做出了巨大的贡献。但也并不是每项政策都得到了严格的落实，也有些政策以失败告终，而从当前来看，这些或成功或失败的政策都发挥了不同程度的作用，当然，其失败的原因也与整个社会环境和政治原因有关。

2. 小初一贯制改革

（1）日本小初一贯制改革的肇始（1999—2000年）

1971年6月，日本中央教育审议会以《关于今后学校教育综合扩充、整顿的基本对策》的公布为开端，正式推行"第三次教育改革"。日本政府和教育界开始强调教育的弹性化、个性化、生存能力的培养、教育设施的衔接等多个方面的改革。至今的40多年里取得了显著的成果，初步建立了新型教育体系，即终身学习体系。终身学习这一新型的教育体系主要包括"衔接""统合""整合"三方面的内容，并且在"衔接"方面的教育制度改革中，提到了"实行小初一贯制教育，设置九年制义务教育学校"。这表明，日本在构建新型教育体系上开始注重本国特色。

在学校教育系统内部，各学校阶段之间的衔接是教育体制改革创新的一个重要方面，涉及各级各类学校教育目的的连接、教育制度的连接、教育课程的连接以及教育指导方法的衔接等，而小学教育和初中教育之间的衔接则是各学校阶段间衔接的有机组成部分。从 20 世纪 70 年代初开始，日本中央教育审议会就曾提出改革小学、初中和高中学年分段方法的设想。一直到 1999 年，专门对改善初等、中等教育与高等教育的衔接进行了讨论。1999 年 12 月，中央教育审议会发表了《关于初等、中等教育与高等教育衔接的改善》这一咨询报告，建议对"小学高年级和初中教育的衔接与合作"这一改革内容的提出进行综合性、多角度的研究。从此，小学教育与初中教育的衔接问题再次被世人关注，并在日本倡导构建新型教育体系的过程中成为一项重要的政策性课题，也是促进"六·三"传统学制弹性化的一项大举措。

20 世纪 90 年代以后，在新自由主义思想的指导下，日本大力开展个性化、多样化的教育改革，在人们重新思考"六·三"学制的过程中，小初一贯制教育在日本开始受到瞩目。根据文部科学省颁布的"研究开发学校制度"，2000 年日本的广岛县吴市开始实施小初一贯制教育，并且位于吴市市中心的二河小学、五番町小学和二河中学被当时的文部科学省指定为小初一贯制教育的"研究开发学校"，致力于九年一贯制课程的研究与开发，旨在提高义务教育的质量。自此，日本的小初一贯制教育正式拉开了帷幕。

（2）日本小初一贯制改革的推进（2001—2013 年）

自 2000 年广岛县吴市第一所小初一贯制教育学校开设以来，日本政府就对小初一贯制教育不断进行探索与研究。日本政府于 2003 年召开综合制度改革会议，正式对"构造改革特区制度"做出明确指示。从此，"小初一贯制教育特区"登上历史舞台，大阪府、京都市、东京都品川区相继成为"小初一贯制教育特区"，进一步推进了日本小初一贯制改革。2005 年 10 月，中央教育审议会颁布了题为《创造新时代的义务教育》的咨询报告，提出要重新考虑义务教育制度。报告指出，以义务教育为中心的不同学校间的合作及衔接存在很多问题，要根据研究开发学校、教育特区和小初一贯制教育等方面的发展成果，综合考虑日本各界意见，充分探讨有助于改善学校间合作与衔接的各项措施。

但是，这些措施仅仅停留在计划层面，并没有付诸实践。2006年12月，日本政府修订《教育基本法》，翌年又修订了《学校教育法》以及其他相关法律法规，为日本义务教育的改革与发展提供了法律保障。文部科学省在2008年4月正式颁布"课程特例学校制度"，并对全国各地区开展小初一贯制教育做出明确指示，要求实施小初一贯制的地区根据地域特色设置教育课程。基于此，越来越多的学校实施小初一贯制教育。根据日本小初一贯制教育全国联络协议会统计，截至2010年1月，全国范围内"设施一体型"小初一贯校达40所，"设施分离型"小初一贯校达900所。2012年7月，中央教育审议会初等中等教育分科会在《小初连携、一贯制的整理意见》中指出："针对中小学创设新的学校制度——义务教育学校制度，通过连续的九年义务教育，教授学生基础知识，使学生具备创新型人才的基本素质，以适应时代的发展。"2013年1月5日，日本内阁会议为推进教育改革，决定构建与时代相适应的新教育体制，称"教育再生实行会议"。不久，日本政府组织召开第183次国会，当时安倍首相极力倡导实施学校制度改革，构建适应时代发展的新教育体制。2013年6月，日本提出第二期《教育振兴基本计划》，打算推进不同学校之间以及学生在学校各个年级之间的顺畅衔接与合作。同时，还应该重新审视和探讨"六·三·三·四"学制，以此构建适应学生身心发展的弹性化的教育体制。文部科学省"小初一贯制教育实施状况"调查结果显示，到2014年5月（制度化以前），日本全国共有211个市町村，包括"设施一体型"和"设施分离型"学校共1130所实施了小初一贯制教育，占全体的21%。此外，还有116个市町村，包括136所义务教育学校、437所并设型小中学校、2所连携型小中学校，计划实施小初一贯制教育。

（3）日本小初一贯制改革的完善（2014年至今）

以日本小初一贯制改革的肇始和推进为背景，逐渐使小初一贯制教育制度化的行动迅速展开。2013年日本政府提出的第二期《教育振兴基本计划》中记述道："为了实现小学教育向中学教育顺利过渡，实施九年义务教育，为了实现符合学生发展的培养目标，在都道府县及市町村的各个学校中加快小初一贯制教育的实施步伐。"2014年7月，日本教育再生会议向前首相安倍晋三提出了创建"小初一贯制"教育制度这一学制改革的建议。明确这一方向后，2014年8月，中央教育会议的小初一贯制教育特别部门就立刻围绕具体的教育构想问题展开了讨论。经过该部门的审议和报告，同年12月就提出了《关于构建应对学生发展及学习意向、能力等灵活有效的教育体系的意见》，并以下面两种形式实现小初一贯制教育的制度化。

第一种形式：在一位校长及一整套教职员的组织下，在"小初一贯制教育学校"实行九年完整的教育。第二种形式：以"小初一贯制小学和初中"的形式运营，校长、教职员团体等在原有的小学或初中保持不变。该意见还指出，市町村教育委员会可根据自身需要灵活选择实施形式，无论哪种形式，都必须设立贯穿九年的教育课程。在上述意见的基础上，2015 年 3 月，国会提出了《学校教育法》的修正案，这一法案大部分继承了该意见的内容，并增加了"'义务教育学校'实行小初一贯制教育"的条款。2015 年 6 月 17 日，《学校教育法》修正案正式确立小初一贯制教育的制度化，并于 2016 年 4 月 1 日起实施。自此，日本小初一贯制改革一直在不断完善。2021 年 2 月，日本国立政策教育研究所开展《小初一贯制学校的建筑（教育家和建筑师的对话）》会议。遵循小初一贯制教育的目标"立足于学生、学校和地区的实际情况，提高义务教育九年间连续课程的质量"开展，公布了一系列调查结果：①在学生方面，提高了学生对未知事物的兴趣和与朋友合作的兴趣；校园欺凌和问题行为减少；小学生能够想想具体的未来的学习模式；不同年级之间的衔接性加强。②在课程和活动方面，小学生可以和初中生一起参加文化祭和运动会；学生能够受到从五年级开始实施的学科担任制的专门指导；能够培养基于"家乡学习"的探究能力、思考能力和判断能力；能够便捷地获得丰富的地区教育资源；能够实现不同年级的合作学习。③在特别支援上，有更多的无障碍教师等支援；更容易获得社会专门组织的援助。④在教职员工上，能够协调考虑学生九年间的成长；日常生活中小学生和初中生接触机会增加，向同学学习的机会也增加了；教职员工的增加使教师指导学生俱乐部活动的负担减轻了。会议还提出了现在存在的小初一贯制学校试行中的问题及改进措施，总体来说，小初一贯制学校构建了对话的、协同的和自治的地区教育共同体。

对于日本小初一贯制改革过程的叙述，有助于我们厘清改革脉络，充分了解日本政府为改革中小学教育所做出的各种努力，从而为我国九年一贯制教育发展引路。

（二）社会信息化的影响

人类社会历经三次工业革命，第一次工业革命中，蒸汽机的发明使得机器取代手工业生产，机器将人类从繁忙的手工劳动中解放出来；第二次工业革命，电力的广泛应用、内燃机的发明以及新交通工具的诞生使得人类生活变得极为便利；而第三次科技革命更是以悄无声息之势深刻地改变着社会面貌，原子能、电子计算机、空间技术和生物工程等高科技技术和信息工具相继发明和应用，改变了人们的衣食住行，使得传统的生产和生活方式不再适应新时代的要求。伴随着互联网在全球范围内的普及以及信息技术的成熟，社会信息化进程加快。

以多媒体技术和网络技术为核心的信息技术开始渗透到社会的各个领域，如金融、商业、运输交通、行政等领域，如今利用计算机进行办公已经是司空见惯的现象。在信息化发展的猛烈势头下，信息技术也悄无声息地进入教育行业。进入 21 世纪，面对由信息技术带来的科技、经济、社会以及文化等领域的巨大变化，日本意识到社会转型已是势不可挡。过去那种单纯以传统工业为主要经济支柱的观念已经不适用于科技日新月异的今天，政府更是注重由信息化带动社会的全面发展。以计算机为主体的信息技术所带来的发展才是经济新的增长点，信息技术人才将是未来支撑国家发展的主要智力群体，也是提高未来国家综合国力的关键。

为培养现代社会所需的信息人才，满足社会发展需要，2000 年，日本政府制定 "IT 基本战略"，将超高速网络建设、电子商务和政务以及 IT 人才培养作为三大建设内容写进战略计划当中。2016 年，由加拿大、法国、德国、意大利、英国、美国和日本组成的七国集团举行教育部长会议，并发布《仓敷宣言》。宣言中提出，在经济全球化过程中，教育要适应不断革新的技术，采用信息和计算机技术（ICT）帮助处于劣势的学生是实现教育公平、提高教育质量的一种手段，学生通过互联网能够加强与世界上其他地区学生间的互动学习，对教师而言能够共享优秀的教育实践，这对教育进步意义深远。仓敷会议结束后不久，日本内阁便公布了 "日本一亿总活跃计划"，日本内阁官员称通过进行资金支持，让更多的教师和学生能够免费使用到高质量的设备和技术，能够锻炼师生使用 ICT 的技能，有利于培养更多优秀的信息化人才。

日本一向重视基础教育，在教育信息化发展之路上，政府规定，从小学阶段的教育中，学生的 ICT 操作能力和简单的编程技能都必须重视，并制定相应的政策进行详细说明，引导教育信息化的发展方向。教育信息化也是解决日本社会问题的一种重要方法。

（三）世界教育信息化蓬勃发展的刺激

第二次世界大战，日本战败，在美国的扶持下，日本在政治、经济、文化、教育等诸多领域进行大刀阔斧的改革，民主政治、民主教育成为战后日本发展的主题。20 世纪五六十年代日本经济开始腾飞，一跃成为发达国家。然而，20 世纪 70 年代的石油危机以及 80 年代后期经历的泡沫经济使得日本经济进入困境。为实现复苏疲软的经济，日本政府开始进行改革。20 世纪 90 年代，日本的经济产业陷入停滞状态，但是信息通信产业显示出蓬勃的生机，这给国家凋敝的经济带来了希望。曾经的日本首相桥本龙太郎在 1997 年提出，将教育改革与行政、财政、社会保障、经济、金融等改革均作为改革的重要内容，并在改革实施报告中强调培养信息化和国际化人才的重要性。信息通信业不仅为日本带来了巨大的经济利润，许多欧美国家也受益于此。为储备人才，西方发达国家对教育信息化的推进充满热情，而其制定的相关政策也成为刺激日本政府加强教育信息化建设的直接原因。1997 年，美国克林顿政府发布"信息高速公路计划"，该计划称要为全美所有学校的教室连上互联网。同年，英国也颁布《1997 年教育法》，文件中指出，从 1998 年开始，信息技术要正式从技术学课程中分离出米，单独设科，提高对信息技术的重视程度。同年 5 月，英国政府又公布《追求卓越的学校教育》的教育白皮书，进一步强调了在知识经济时代对信息人才培养进行投资的重要意义。法国、德国两国以及新加坡等国也不甘示弱，紧随其后相继出台教育信息化的国家政策，为其学校信息化建设提供政策依据。文部省在教育白皮书中指出，日本与这些国家相比，教育信息化政策非常不完善。可见，日本对教育信息化建设情况持有不安心态。因此，为了追上发达国家的步伐，提高教育质量，日本紧随当时西方发达国家在教育信息化建设的脚步，及时更新政策内容和部署新的战略计划。

（四）日本国际理解教育的培养目标

日本国际理解教育学会提出，为顺应时代的发展变化，学生应通过国际理解教育实现以下目标：拥有对国家传统历史和文化的理解和热爱，能够对异质文化持有宽容的态度并具有与不同文化背景的人沟通的能力，有全球问题意识，具有与他人合作创造未来社会的意愿。

日本国际理解教育的培养目标主要包括知识与理解目标、技能（思考、判断、表现）目标、态度（关心、意欲）目标。知识与理解目标是让学生明确"了解什么"和"能做什么"，是根据现代社会环境中的事实设定的要达到国际理解的最低要求。技能目标包括三方面能力："思考力"强调在理解事物本身的基础之上发现问题，并能够在寻找解决问题方法的过程中，根据问题变化预测结果、调整解决方法；"判断力"是在信息化社会，学生能够收集、选择和判断信息，将新知识和已有知识进行组合，思考之后做出最佳选择；"表现力"是指在社会中能够与不同文化背景的人相互交流，将自己的想法、观点表达出来并使他人理解，从而获得成就感。态度目标包括尊重文化多样性、建设持续发展社会的态度和进行团队协作的意愿。在终身学习时代，应让学生明确不是为了学习而学习，而是为了自身的发展去学习，以提高学生的学习积极性，并在与他人的联系中真实地体会理解的意义。

（五）日本国内社会多元化

随着在日外国人口的增加，"国内（日本）国际化"的问题引起了人们的关注。在国际化社会，日本也面临着文化上的多元化。大量的外国人口进入日本的现象被称为"国内国际化"过程。截至 2023 年 1 月 1 日，日本大约有 300 万来自 100 多个国家的外国人口。

根据文部省的教育政策，国际理解教育包括两方面，即国内理解和国际理解。"国内理解教育"的对象主要指在日的外国人。如何对外来人员进行教育（主要是跨文化教育），是日本开展国际理解教育的一大课题。

21 世纪的到来，文化的多元化与多元文化共存成为世界许多地区关注的焦点。文化多元化引起社会结构和观点的变化，进而引起权利的削减、再分配，以及公民权、身份认同和平等观念的变化。历史表明，新移民的涌入、外国人和其他陌生人进入一个社会都伴随着社会关系的重组和主流社会对于社会群体的再定义。"国内国际化"这个名词被现在日本的媒体、学术界和教育家用来描述日本社会文化多元化以及不同文化背景人的共存需要。

二、日本中小学国际理解教育的发展历程

"二战"结束后的日本，为了一洗其在侵略战争中的负面影响，于 1945 年加入联合国教科文组织并积极响应国际理解教育的号召，捐赠教育物资援助发展中国家并大力倡导学生去国外传播日本文化，这是日本重返国际社会的第一步举措。之后，日本政府为了更好地应对经济高速发展带来的冲击，制定了诸多以基础学校为中心的教育发展策略，大力建设国际理解示范学校，将国际交流能力列为学生发展的基本要求。从此，日本的国际理解教育开始逐步迈入正轨。

（一）追随联合国教科文组织阶段

第二次世界大战之后，联合国陆续颁布了《联合国宪章》和《世界人权宣言》，以求各国能相互合作，实现以人权保障为基础的世界和平。其中，当时正在推进"为了国际理解的教育"的联合国教科文组织在其宪章的序言中宣称，"战争起源于人的内心，要在人的内心中构筑和平的屏障"，并强调了世界和平的重要性。日本在战败之后以建设民主的文化大国为目标，于 1946 年颁布了《日本国宪法》，

并在 1947 年通过了表明日本教育理念的《教育基本法》。为了"展现为世界和平和人类福祉做贡献的决心"，日本在战后不断推进以国际和平和国际合作为支柱的国民教育。日本于 1947 年颁布了"二战"结束后新的《学习指导要领》。

《学习指导要领》社会篇（1）的撰写人重松鹰泰针对社会科诞生的过程，反省了过去教育成为推动战争的工具的原因，宣称"为培育不会再被欺骗的人类创造出了新的教学科目"①。很明显，为了使民主主义在日本扎根，社会科将《日本国宪法》中的国民主权、基本的人权尊重、和平主义这三大原则内化、重生。而国际理解教育的目的也是谋求世界和平，因此内涵和社会科相一致。1954 年联合国教科文组织第八次总会召开，大会提出"为促进国际理解与合作的教育"理念，日本将其简称为"国际理解教育"。

1951 年，经过和平改造过的日本正式加入联合国教科文组织，并开始积极参加联合国教科文组织的合作实验活动计划，日本的国际理解教育也自此拉开序幕。

1957 年日本指定了 13 所国际理解教育示范学校作为研究学校开始展开研究。并且活动领域向教职员工培养阶段和小学阶段延伸，取得了丰硕的成果。但是在合作学校开展过程中也产生了诸多问题。例如，合作学校计划的研究主要以联合国教科文组织统一规定的题目为核心，在联合国教科文组织精神的指导下开展，很少联系本国国情；学校间沟通交流较少，缺乏系统的理论和方法，国际理解教育的目标设定和内容构成都没有明确的原理能够依据。

这时的日本中小学国际理解教育是社会科教育的一部分，在中小学的教学计划中也渗透着国际合作理念，提出国际理解教育必须依靠国际合作推进，这样才可以确保世界的和平与稳定。

（二）重视培养国民自觉性阶段

步入 20 世纪 60 年代，随着亚洲和非洲多国的相继独立，国际形势逐步向多极化发展，日本在世界中的发言权也增多。1960 年 1 月，日本和美国签订了《日美共同合作和安全条约》，在共同防卫的原则下日本受到美国的安全保障，同时推进经济政策的发展，经济实力飞速提升。日本得益于高速的经济发展，在 20 世纪 70 年代步入了发达国家的行列。在此期间，日本政府的教育行政也由"重视国际合作"转向"重视国民自觉"。日本国际理解教育学会会长多田孝志指出，国际理解教育政策转换的背景从宏观来看是世界性民族主义的抬头，从日本国内

---

① 沈晓敏.日本小学社会科的特点及教学方法［J］.山东教育，2002（Z1）：101-102.

来看，正如围绕日美安保条约的激烈运动一样，可以认为是政治运动的高涨①。

在这个时期，围绕日本未来发展方向的激烈争论，也反映在国际理解教育上。多田还引用了日本国际理解教育理论指导者之一森户辰男的观点，认为世界和平可能会从各种民族热爱自己的国土和传统，保持建设完美的和平民主国家的热情和忠诚心开始。从中可以看出，此时的日本作为一个主权国家想要培养什么样的国民。1966年文部省的中央教育审议会在报告中提出了"被期待的国民形象"，认为今后的国民形象就是"能够开拓世界的日本人"。这就是日本人所欠缺的所谓的国际性不够成熟，有必要克服这点。这一阶段，日本教育界开始勾勒出想要培养的国民形象，而不仅仅是一味开展追随联合国教科文组织的国际活动。

值得注意的是，在这一时期日本的升学率得到飞速增长。高中升学率从20世纪50年代的42.5%增长到70年代的80%；大学和短期大学的升学率从20世纪50年代的10.1%增长到23.6%。在经济高速发展时期，随着高中和大学升学率的提高，日本人的学历也急速提高，这反映出日本为培养"能够开拓世界的日本人"不断追求国民教养的提升。而提高学历，提升国民素质也有助于国际理解教育的发展。

（三）多种相关理论并行发展的扩大阶段

1991年1月，日本国际理解教育协会成立，开始围绕国际理解教育展开更深的讨论和研究。日本国际理解协会设立的宗旨是"我们在这里集合研究者、教育实践者和其他相关人员创设了国际理解教育协会，通过国际教育的研究和实践以及和国民的交流，致力于促进我国国际教育的发展"。②

可以看到，这时日本用国际教育来表示国际理解教育，这是因为联合国教科文组织把国际理解教育定义为"致力于国际理解、国际合作和国际和平的教育以及有关人权和基本自由的教育"，日本基于此简称"国际教育"。很快"国际教育"这一简明的用语被越来越多人使用。然而，有学者认为国际教育应当是国际理解教育的延伸和发展，比国际理解教育的含义更加广泛。教育的国际化是这一段时期的重要课题。天城会长非常重视在初等和中等教育中推进教育的国际化，特别指出，不仅要在社会、地理、历史、外语等科目中加深国际化教育，应该在全课程中推进与技能、价值、意识和态度相关的体验性学习。

---

① 浅井敦.比较法学和日本的中国法研究［J］.法律科学（西北政法学院学报），1991（1）：85-89.

② 中国钢铁工业协会中外行业协会管理体制研究课题组.借鉴日本行业协会经验完善我国行业协会建设［J］.中国钢铁业，2010（10）：12-17.

　　这一时期随着日本的海归人员和在日的外籍人员的增加，国际理解教育的志向由"对外"转向"对内"，也就是说"国家内部国际化"成为国际理解教育的重要课题。地区和国家面临着新入境人员的孩子的日语学习、学习能力和前途保障、同一性的保持和差别及偏见的克服等多种多样的课题。1995 年以阪神大地震为契机，和在日外国人共生成为这一时期的奋斗目标，"多元文化共生"成为日本国际理解教育的重要主题。

　　与此同时，全球教育也在这一时期发展壮大，1993 年鱼住忠久等人创立了日本全球教育研究会。鱼住当时一边介绍美国的全球教育，一边在社会科教育的背景下捕捉经济全球化的相互依存关系，提出以全球公民性为目标推进社会科教育的课程开发。

　　随着经济的发展和经济全球化进程的推进，日本乃至全球出现了新的热点和亟待解决的问题，日本文部省在此背景下于 1998 年颁布了新的中小学《学习指导要领》，设置了"综合学习时间"板块，其中对"综合学习时间"做出如下解释：就国际理解、信息、环境、福祉、健康等跨学科的、综合性的问题以及基于儿童兴趣、符合地区或学校特色的问题，根据学校实际情况开展学习活动。

　　国际理解教育成为"综合学习时间"的一部分被纳入教学计划中。在《小学学习指导要领》中外语活动作为环节之一受到重视，这也成为"综合学习时间"中国际理解教育的主要内容。在《中学学习指导要领》中正式把外语定为初中教育的必修课，通过外语学习，可以更好地理解他国文化，培养国际意识。

（四）深入实践阶段

　　20 世纪 80 年代后期，国际理解教育渐渐摆脱了政治的阴霾，步入了发展的新阶段，而与之相关的一系列行动计划相继被推出。1994 年，国际教育局在日内瓦组织召开了第 44 届国际教育大会，会议主题就是"国际理解教育"，并提出通过教育来促进和平与民主，重申了"和平文化"。会议上通过了以建设"和平文化"为中心内容的《第 44 届国际教育大会宣言》和《为和平、人权和民主的教育综合行动纲领草案》这两个总结性文件，它们可以被视作在经济全球化发展背景下，倡导世界各国积极推行和开展国际理解教育的行动指南。

　　2001 年 9 月爆发了震惊世界的"9·11"事件，这使人们开始反思迄今为止的教育，更加意识到国际理解教育的重要性。国际理解教育肩负着在人们心中播撒和平的种子，维护世界和平的重要使命。2001 年日本文部省改组成文部科学省，重新整理了国际理解教育的推进体制。在初中教育局设立了"国际教育课"来管辖国际理解教育。此外，为了振兴联合国教科文组织的活动，新设"国际综合机关"。20世纪五六十年代的合作学校计划也渐渐发生改变，现在作为推进可持续发展教育（Education for Sustainable Development，简称 ESD）的据点学校，于 2008年正式改名成联合国教科文组织合作学校，并提出要扩充到 500 所（直到 2015 年已超过 900 所）。这一阶段可持续发展教育成为国际理解教育的重要内容。2002年在南非约翰内斯堡举办的联合国环境开发会议中，日本当时的小泉首相表示日本政府想在地球环境问题上发挥主导作用。2004 年第 59 届联合国大会通过《ESD十年国际实施计划案（2005—2014）》（以下简称"ESD 十年计划"）。日本创立了"为了可持续发展的 10 年推进委员会"，并在全国范围内推进可持续发展教育。2014 年 11 月在日本名古屋联合国教科文组织和日本政府召开了最终会议。

"ESD 十年计划"项目对国际理解教育的发展有巨大的推动作用，ESD 综合了社会科学和自然科学、发展教育和环境教育，学习领域十分广泛。ESD 的开展可以说是联合国教科文组织和日本政府的又一次合作，日本学界基于联合国教科文组织颁布的《保护世界文化和自然遗产公约》，意识到继承无法取代的文化和自然遗产的重要性，把世界遗产学习纳入 ESD 中。文部科学省和日本联合国教科文组织协会也推进世界遗产学习并于 2011 年出版了教科书。

在全球主义浩浩荡荡发展的同时，国家抑或是民族同一性的培养也同样重要。日本学界正致力于唤醒日本传统文化和文化遗产，让世界遗产学习和文化遗产学习在国际理解教育领域开花结果。日本民间以"综合学习时间"和"ESD 十年计划"为研究平台开展各种各样的教育实践，诞生了很多学术成果。

日本国际理解教育学会是研究者和教育实践者聚集的学术团体，以上著作的作者很多都是出自这个学会。研究者从发展教育、可持续发展教育和全球教育等不同视角在理论和实践层面为当今国际理解教育的发展增砖添瓦。

随着经济全球化进程的不断推进，日本教育界越来越重视外语学习。在2008 年现行的《小学学习指导要领》中，明确在五、六年级课程中加入"外语活动"，规定一年有 35 个小时的学习时间，目标是希望通过外语，体验语言和文化的魅力，并使学生加深对其的理解，努力培育学生积极交流的态度，熟悉外语发音和基本的表达，培养沟通能力。《中学学习指导要领》中外语课的目标是通过学习外语加深对语言和文化的理解，努力培育学生积极交流的态度，培养听、说、读、写等基本交流能力。在新的《学习指导要领》中，一大特色就是重视培养学生的交流能力。

通过进行中小学对比可知，小学阶段的外语教学重视兴趣的培养，中学阶段更重视技能的发展。为了通过外语教学让学生了解他国文化，提升国际索养，日本不仅采取了多样化的教学方法和形式，甚至有的学校还开展海外修学旅行活动。

日本国际理解教育协会根据国立教育政策研究所提出的"21 世纪型能力"（主要包含思考方法、工作方法、学习工具、社会生活），从日本国际理解教育学会关于国际理解教育的目标提出的多元文化社会、经济全球化社会、地球问题、对未来的选择等四个视角开发教学计划，借助各学科课程渗透国际理解教育理念。部分实验学校更是与他国学校就共同的学习内容和目标展开合作，如 2011 年曾有日本和韩国的中小学生就日韩相似的神话故事展开合作学习，并且共同在幼儿园表演连环画剧。通过这次活动，不仅培养了学生的动手能力、创作能力和合作精神，还让学生认识到两国文化的相似性，增强了两国学生的亲近感，激发了学生对异国文化的兴趣。日本民间教育界的跨国交流在 21 世纪日益频繁，把国际理解教育推上了一个新的高峰。

随着国际学生的日益增加，国家间高中毕业生大学入学相互认同问题受到日本教育界的瞩目。为了解决这个问题，2013 年 6 月 14 日，日本在内阁会议中提出"通过开发、导入一部分日语国际高中毕业考试的教育项目，大幅增加国际高中毕业考试国际学校（2018 年增至 200 所）"[①]。国际高中毕业考试项目于 1968 年由一个非营利性的教育基金会——国际高中毕业考试组织创立，这个组织面向国际学校的毕业生，以开阔学生的国际视野、促进国际理解教育为目的，确保学生可以获得被国际范围认可的大学入学资格，顺利升入大学。

国际高中毕业考试分为初等课程项目（对象为 3 至 12 岁的学生）、中等课程项目（对象为小学六年级至高中一年级的学生）、大学预科项目（对象为高二和高三的学生）和面向职业及专门学校学生的课程项目四种。其中，初等课程项目和中等课程项目的授课语言为日语或其他语言皆可，而大学预科项目无论是授课还是考试只能使用英语、法语或西班牙语任一种。日本于 2015 年开始在札幌的公立学校中导入国际高中毕业考试项目。国际高中毕业考试项目在日本逐渐发展壮大，国际高中毕业考试理念和国际理解教育在对异文化中保持宽容态度、与他人合作解决地球问题、谋求超越国家利益的人类利益等方面均达成共识，国际高中毕业考试项目对日本国际理解教育的发展起到了重要作用。

在现阶段，日本还一直致力于国际理解教育的教材开发。1987 年大津和子编写了《社会课——从一根香蕉开始》，这本书作为教材在神户高中的现代社会

---

① 刘小洁. 日本战后日语教育国际化［J］. 散文百家，2018（12）：219-220.

课上加以实践。此外日本发展教育协会也围绕很多全球性课题开发出多种多样的教材并在中小学投入使用，具体内容在后文详细描述。

现在日本很多中小学都会和高校合作开展国际理解教育，高校把中小学作为实验研究的土壤。国际理解教育的开展形式丰富多样，不仅仅局限于课堂和教材。比如德岛大学的学生和德岛小学的学生（以外籍学生为主）共同制作不同国家的游戏说明书，共同展开日本教育制度调查，不仅激发了日本小学生了解他国文化的兴趣和热情，也让留学生更加了解日本，增进同学友谊。大学生志愿者也表示通过这次活动增进了对留学生国家的了解，在合作过程中获得了体验。大学和中小学合作，可以在实践中检验大学在国际理解教育方面的理论研究成果，并可以及时处理实践过程中产生的问题，促进优质教育资源的生成和发展。

近年来随着发展教育、可持续发展教育、全球教育等相关教育理念的发展，国际理解教育的存在感越来越弱，"国际理解教育"的概念正逐步淡出日本学界。日本国际理解教育学会也清醒地认识到这一点，正在不断丰富和发展国际理解教育的理论体系，将现在被广泛关注的发展教育、可持续发展教育、全球教育等相关教育理念构造化，以异文化理解和尊重人权文化为基础，进行自我完善和升华。

第二节　日本中小学国际理解教育课程的探索

一、日本中小学国际理解教育课程的目标与内容

（一）日本中小学国际理解教育课程的目标

日本国际理解教育学会提出经济全球化时代下国际理解教育培养的人应该是以下的形象：以尊重人权为基础，加深对现代社会的基本特征——文化多样性与相互依存性认识的同时，能够对异文化持有宽容的态度，有身为地域、国家、地球社会一员的自觉性；为解决地球问题积极参与社会活动，有积极与他人合作的意愿。并且，拥有能够在情报化社会做出正确判断、与不同文化的人沟通的能力。

在此基础上，日本国际理解教育学会提出了国际理解教育的具体学习目标构成：体验目标；知识理解目标；技能（思考、判断、表现）目标；态度（感兴趣、积极性）目标。

在一般学科中，"体验"一般都被视作知识、理解、技能、态度的手段。但是国际理解的学习是一种跨学科的学习，它不仅要通过交流、参加、行动来发现和产生共鸣，而且十分重视达到知识、技能、态度目标的学习过程。所以，日本国际理解教育学会把"体验"也列入了目标之一。知识理解目标所包含的内容并不是随意设定的，而是根据现代文化的形态、对经济全球化的认识、对地球问题的探讨所设定的实现国际理解的最低的要求。技能目标和态度目标所要求的内容是在学校内外进行国际理解教育希望达到的共同特征。

（二）日本中小学国际理解教育课程的内容

日本国际理解教育学会将国际理解教育的学习领域分为多元文化社会、经济全球化社会、地球课题和对未来的选择四个方面，每个部分都设定了多个关键词。

"多元文化社会"是指要让学生对多样化的社会有一定的认识，意识到世界的多样性。在文化学习的过程中，小学阶段就要通过衣食住行、音乐、美术等多种多样的文化体验，让学生认识到人类文化的普遍性、拥有"全球大家庭"的意识，切实体会到"不同中相同"，也就是到达文化理解的层面。在中学和高中阶段，要使学生意识到虽然文化是多种多样的，但是从种族歧视和民族对立的事例来看，文化中也存在对立和否定的要素，也有强迫同化的文化，不同文化之间不断交流融合。与此同时，要使学生从"国家＞民族＞文化"的固定思维模式中，看到多民族社会、多文化社会中的文化生成、转变的例子，意识到不同文化的共生。

"经济全球化社会"是指让学生意识到大家是联系在一起的。在该领域的学习过程中，要认识到超越国境的全球经济体已经建立，人、物、钱、信息相互依存的全球网络也已形成，要学会考虑当前社会中世界、地球与自己生活的地区的关系。在小学阶段，让学生通过食物、音乐、旅行、网络等方式感受人、事、物在世界的流动，使学生认识到自己的生活与世界深深联系在一起的相互依存性。在初中、高中阶段，让学生意识到全球网络构建、相互依存关系建立的同时，由于不平等的自由竞争而产生了地域差距，文化上的摩擦也逐渐产生。

"地球课题"选取了人权、环境、开发、和平这些人类应该共同分担的全球挑战。在小学阶段，有必要通过儿童劳动、初等教育等让学生了解自己的权利以及热带森林破坏、荒漠化和全球变暖等地球环境问题。初高中阶段，需要让学生考虑问题事件的原因和问题的解决办法，意识到诸如联合国、政府开发援助、非政府组织和非营利组织等行为者的存在。在这一过程中，要转变学生对这些全球问题的观念，即从个人无法承担的"巨大、复杂而沉重的问题"转变为身为地球一员的共同责任。

"对未来的选择"这个领域与我们迄今描述的三个学习领域相比，与其说是第四个独立的领域，不如说是与三个学习领域的关联部分。但是，之所以没有放在前三个领域中，是因为面对不断加深的全球相互依存关系，为自己选择一个期望的未来的想法变得越来越重要。在经济全球化背景下，合理的历史认识、市民意识、参与社会生活的意识无疑都是谋求未来更好选择的基础。在小学阶段，学生积极从促进城市发展和社区发展的角度思考"面向未来的生活方式"，并学会作为一个负责任的公民参与社会活动。在初高中阶段，学生需要从全球角度，积极主动地进行社会参与。

从四者的关系来看，首先是让学生认识到世界是丰富多彩的，有着多种多样的文化环境。其次让学生体会到在这样的环境中，世界上的人们又是生活在一起的，是相互依存的关系，同时也让学生了解在我们共同生活的世界中，存在怎样的问题。最后，引发学生对未来自己的定位、国家的定位等问题的思考。所以，日本国际理解教育学会确定的国际理解教育学习内容可谓步步深入、层层递进。

二、日本中小学国际理解教育课程的实践

（一）为培养经济全球化人才的英语教育改革

随着经济全球化趋势的不断增强，培养能够应对这一趋势的经济全球化人才成为日本社会必须面临的课题。面对英语教育改革效果不理想的现状，2011年6月，政府在经济全球化人才培养推进会议的中期报告中强调了为培养经济全球化人才，在基础教育阶段增强英语交流能力的重要性。2012年发布的《全球化人才培养战略》中更是将加强基础教育阶段英语教育的实践性放在了重要位置。

在这一背景下，2013年12月13日文部科学省发布了《为应对全球化的英语教育改革实施计划》（以下简称《实施计划》），本计划以2020年东京奥运会为指向，揭示了新的英语教育人才培养目标及具体开展方法。《实施计划》提出要扩充强化小学英语教育，在小学三四年级开展活动型英语课程，为培养学生的英语交流能力打好基础，以及在小学五六年级通过英语教科型课程培养学生

初步使用英语的能力。在教科型课程开展过程中还可以加入模块学习单元，即以10、15分钟为一单元的学习形式来增强学生的交流能力。初中英语课堂要使用英语教学，培养学生理解日常话题、进行简单的信息交换及表达的能力。高中英语课堂在使用英语教学的基础上，还要增加发表、讨论、交涉等高水平的语言活动，培养学生理解抽象内容、使用英语进行流畅沟通的能力。

此外，还要设定小、中、高一贯的学习目标并进行相应的内容、评价改善，以切实培养学生的英语交流能力。对于小、中、高一贯的目标，首先要将"使用英语能做什么"的观点具体化，设定CAN-DO列表对英语听、说、读、写能力进行评价（CAN-DO列表是指以原来的欧洲共同体中的多语言主义为背景，在欧洲的外语学习、教学、评价共同参照框架中提出的学习指标）；其次增加语言活动的内容及数量，如增加听力、泛读、速读、作文、发表、讨论等内容；最后在教育过程中加入有关日本人的身份确立的内容，如传统文化、历史内容等。

为实现以上培养目标，《实施计划》提出了以下四点要求：一是要建立健全小学、初中、高中的指导体制，通过增加英语教师的研修机会，提高研修质量。同时，与大学等专业机构合作，定期利用外部检定考试对教师的英语水平进行检定，从而保证英语教师的指导能力。二是促进外部人才的引进，通过JET项目和民间的ALT项目引进外部人才。三是开发、完善指导用的教材和研修教材，如为教师研修提供影像教材，开发模块教学需要的ICT（Information Communications Technology，信息、通信、技术）教材等；四是完善教师的聘用机制，吸收具有高水平英语能力的社会人才，如在小学阶段设立特别英语教师资格证，承认外部检定考试结果并将其作为聘用依据等。

（二）参与国际组织的项目合作

1.参与联合国教科文组织的合作学校项目

联合国教科文组织的合作学校项目是指联合国教科文组织发起的在全球范围内建立合作学校，促进世界各地的学校交流，在学生和教师之间分享信息和经验，以开发利于学生应对各种全球性问题的新教育内容和教学方法的国际性项目。目前，联合国教科文组织的合作学校主要涉及以下四个基本领域。

第一，理解联合国对全球性问题的态度。合作学校认为学生有必要理解联合国对全球问题的态度，认识到贫困、饥饿、失业、艾滋病、环境污染、气候变化、识字、文化、性别差异、儿童就业等是联合国教科文组织优先关注的问题。

第二，人权教育。关于人权教育，合作学校主张以"世界人权宣言""关于儿童权利的条约"等为出发点，让学生从自身的经验中增强权利和义务（种族歧视、偏见、民主主义、相互尊重、市民的责任、宽容和非暴力纠纷等人权相关的问题）的意识。

第三，异文化理解。随着社会变得更加多元化和多种族化，异文化的理解越来越重要。为了建立有意义的异文化对话，合作学校的教师和学生致力于建立跨越国境、文化、语言的合作。与此同时，学校还鼓励与其他国家的学生交流信息。在此过程中，实现以下目标：深化对其他文化的理解和尊重，认识自身文化的背景和独特性，以及国际合作在面对全球问题时的重要性。

第四，环境教育。对于环境问题，合作学校主张学生探讨自己居住的地区所面临的环境问题（污染、能源、森林保护、海洋和大气相关的研究、土壤侵蚀、天然资源保护、沙漠化、温室效应、可持续开发等）并考虑解决手段。

这四个领域都与国际理解教育息息相关。异文化理解是国际理解教育理念中一直不变的要求，人权教育和环境教育随着国际教育理念的发展逐渐被纳入其中，理解联合国对全球性问题的态度也是培养国际视野的表现。

近年来，国际理解教育作为 ESD 的要义之一在联合国教科文组织合作学校中变得越来越重要。在 2017 年联合国教科文组织合作学校活动调查结果报告中，国际理解教育在"联合国教科文组织合作学校未来应该关注的领域"中排名第二。

其实，联合国教科文组织合作学校自诞生之初的目的就是彰显联合国宪章的理念，在学校中广泛开展国际理解教育实验进行比较研究，促进共同体的建立。然而，在 20 世纪 70 年代后，日本开始关注培养"世界中的日本人"，国际理解教育的发展走向自立，联合国教科文组织的合作学校也走向沉寂。

进入 21 世纪以来，随着 ESD 理念的发展，沉寂多年的联合国教科文组织合作学校被作为 ESD 的据点校在日本又重新恢复和发展起来。联合国教科文组织合作学校的数量逐年增加，截至 2018 年 10 月，日本国内共有 1116 所学校（包括幼儿园、小学、初中、高中和师范大学）加入了教科文组织合作学校计划。日本积极参与教科文组织合作学校项目，推动建立教科文组织学校无疑是促进 21 世纪国际理解教育发展的重要途径。

2. 参与国际文凭组织的国际文凭课程项目

国际文凭课程项目，又称国际高中毕业考试项目，是由国际文凭组织（国际高中毕业考试组织）在 1968 年发起的为全球学生开设从幼儿园到大学预科的通用课程的国际型教育项目。

作为"二战"后在联合国资助下发展起来的国际教育项目，国际高中毕业考试项目创立本身就是国际理解的产物，国际理解也是国际高中毕业考试组织一直追求的教育目标。国际高中毕业考试对国际理解教育的推动作用具体体现在其目标与内容上。国际高中毕业考试本身的使命就是通过理解和尊重多种文化，培养具有探究意识和同情心的年轻人，为更美好、更和平的世界做出贡献，让世界各地的学生理解人们各自不同的差异，意识到与自己不同想法的人们也有各自的正确性，并且积极向其学习。因此，在培养目标和教学内容中都充分反映出了这种国际理解和跨文化的目标。

具体来讲，国际高中毕业考试项目设置了十个培养目标。项目中强调的"致力于地域社会和经济全球化社会等重要课题的思考""运用多种语言表达自己，仔细倾听其他人的看法，进行有效合作""正确地接受自我文化的同时也正确地接受他人的价值观"等目标无不反映着国际理解理念。

在内容方面，国际高中毕业考试项目鼓励学生积极了解世界各地的不同文化现象，探索不同民族的共性和特征。它还侧重于培养学生处理不同文化和价值观的方式，使学生在不断提高认知的同时，学会尊重不同的文化。由此可见，国际高中毕业考试项目以国际理解教育所倡导的多元文化的理解和尊重为基础，然后进一步培养有能力生存于国际社会的人。

（三）坚持可持续发展教育

1. 可持续发展教育的政策发展

2005 年，日本政府成立了包括外务省、环境省、阁官房等九部委在内的 ESD 项目工作组，负责可持续发展教育计划的制订、推进及协调等工作，并于 2006 年制订了日本推进联合国可持续发展教育十年的实施计划。同年，日本教育部门对国家教育法做出了一系列修改，具体包括：立足自然和环境的可持续发展关系、个体的独立、与他人和社会的和谐关系、日本传统文化与现代文化共存等多个角度，培养活跃在国际社会的可持续发展公民。2008 年，日本政府指出要以教育为依托，推进社会、经济、环境、文化的可持续发展，让 ESD 项目成为促进可持续发展的重要着力点，重视利用信息通信技术构建交流网络，实现 ESD 的可视化、关联化。2016 年，日本可持续发展教育问题联络会议制订了《日本可持续发展教育全球行动方案》执行计划，并根据该计划不断促进 ESD 的发展。

2. 学校参与现状

在日本的相关政策指引下，教育机构成了承担 ESD 理念的主体，通过学习将 ESD 理念传递到个人、家庭、企业及社会各个团体，促使 ESD 理念渗透全国。自 2008 年《学习指导要领》发布至今，日本联合国教科文组织合作学校成为 ESD 项目的主力军，以合作学校为基地，通过在不同学科内进行可持续发展主题教育，构建 ESD 交流学习网络平台，扩大 ESD 理念的影响范围。同时，制定以解决现实生活中问题为目的的教学目标，提高受教育者解决实际问题的能力。

3. 实施发展特色

（1）开展跨学科教育

日本许多学校设置了一门与各学科并列的"综合学习时间"板块，旨在培养学生自主学习、自主解决问题的能力，该板块结合 ESD 理念开展跨学科的教育活动。例如，日本立津岛小学基于环境保护与公共环境艺术的视点进行跨学科教育。

（2）将 ESD 覆盖全教育系统、全教育过程

对于学生而言，可持续发展的观念和行为不是一次教育活动就能实现的。鉴于此，日本采取了整体规划、全员参加、不间断进行的教育方式。例如，日本三川小学将 ESD 项目时间跨度设置为六年，从一年级开始培养学生对传统文化的尊重与理解。

（3）与社会机构开展协同教育

《ESD 实施计划》中明确要求，教育机构、企业和事业单位、社会各团体都应成为可持续发展社会的重要助推力。故日本中小学与社会各类机构协同开展可持续发展教育，社会各个团体也积极为当地的中小学提供相应的教学资源支持，如东京小笠原小学联合小笠海洋中心从尊重生命的角度，开展海龟的孵化美术绘画课题。

（4）提出构想并建立 ESD 学习指导过程的框架

日本国立教育政策研究所教育课程研究中心于 2012 年提出了关于 ESD 学习的框架内容，包含了 ESD 所重视的七种能力和态度，即批判性思考能力、预测未来及规划能力、多方面综合思考能力、交流的能力、与他人合作的态度、尊重联系的态度和主动参与的态度，这些能力和态度对日本 2017 年修订《学习指导要领》中的学习目标内容有着直接的影响。

（5）将可持续发展目标纳入教材编写

随着十七个国际可持续发展目标的提出，日本把十七个目标融到 2021 年发

行的最新版学科教材当中，明确了各个学科课程当下需要完成的可持续发展具体任务。

总体来说，日本在可持续发展教育实施区域上较为广泛，实施对象从幼儿至成人，年龄跨度较大。在实施方式上以联合国教科文组织合作学校的形式为主，且数量众多，注重学校与社会团体、机构的可持续发展项目合作，致力于解决从地区到全球范围的各种课题的项目化学习题材，并将七种可持续发展能力和态度纳入日本《学习指导要领》的修订，贯穿学科教育的全过程，从而推动相关课程、教材、地区计划的开发。

（四）借助学科教学渗透国际理解教育理念

目前，日本虽在中小学开展了广泛的国际理解教育实践，但除小部分学校外，国际理解教育本身并未单列为一门独立学科，中小学的学习指导要领也没有涉及国际理解课程。所以，学科教学渗透无疑是日本中小学国际理解教育实践的主要途径之一。2017 年 3 月 31 日，日本文部科学省发布新修订的中小学学习指导要领，并计划于 2020 年（小学）和 2021 年（中学）开始全面实施。《学习指导要领》相当于我国的课程标准，是日本各级各类学校开展教育教学活动的基础。通过对各学科《学习指导要领》的分析，我们可以看到其中渗透的多元文化共生、国际意识多样化等国际理解教育思想。本文就以 2017 年修订的《学习指导要领》为基础，选取具有代表性的综合学习时间、社会科、道德教育、外语教育四个学科来探究国际理解教育在各个学科中的渗透情况。

1. 中小学综合学习实间中的国际理解教育

中小学《学习指导要领》指出，综合学习时间的目标是运用探究的思考方式，通过跨学科的、综合的学习方式，培养学生能够发现问题，并进行自我思考与探究的能力，发挥学生在探究活动中的积极性与主动性，以便学生更好地解决问题。"综合学习时间"这一活动课程的目标恰与日本在实行国际理解教育过程中，强调"能够培养基于全球视角的独立自主行动的态度和能力"的内容相吻合。在综合学习时间中，各个学校都设置了适合实现目标的探究课题。

2017 年中小学《学习指导要领》对"综合学习时间"课程内容进行了规定，其内容主要分为四个方面：包括国际理解在内的跨学科的综合课题；对应地域、学校特色的课题；基于学生感兴趣、关心的话题；关于将来和职业有关的话题。其中，所谓跨学科的综合课题指的是在这段时间内，不限于固定的学科，而是要对超越学科界限的课题进行探究，运用在各科目中掌握的能力更好地解决问题。

其中涉及国际理解方面的课题，指导要领给出"在当地生活的外国人和当地人最重要的文化和价值""自然环境以及引起的经济全球化环境问题""社会生活的变化和资源能源问题""社会生活与经济活动的变化""地域的传统文化与继承"等课题具体参考内容。从中我们看出，综合学习时间所涉及的内容非常广泛，包括国际理解、环境、资源、科学技术、文化等各个方面。这样的跨学科学习，将有利于学生更好地理解本国的现状，唤起国人意识，推动其对国际社会他国、他人的关注与理解，培养其立足于全球，独立自主行动的态度与能力。

2. 中小学社会科中的国际理解教育

社会科是通过给予学生科学的社会认识，培养学生基本公民素养的教学科目。日本学校从三年级到初中设立社会科，高中并没有直接的社会科，而是将其分为"地理历史"和"公民"两部分内容。社会科的教学内容直接关系到世界各国的历史、文化、地理等内容，因此它也是渗透国际理解教育理念的主要科目之一。

在小学阶段，2017年《学习指导要领》对社会科提出的总目标是：运用社会性的思维方式，通过探究与解决问题，使学生拥有作为全球公民与和平民主国家公民的基本素质和能力。初中阶段的总目标并没有太大变化，只是在小学的基础上，加入了"培养广阔的视野"与"尊重他国与他国文化"。

3. 中小学道德教育中的国际理解教育

日本的道德科设置在小学至初中阶段，高中并未直接设置道德科。中小学《学习指导要领》的总目标要求是：培养其具有在家庭、学校等各类社会生活中充分尊重生命、尊重人的精神，要有丰富的心灵，尊重传统和文化、公共精神、其他国家，为世界和平和环境保护做出贡献，培养能够在国际化社会中开拓未来的人。

在日本中小学道德教育学习指导要领中与国际理解相关内容的是"与集体及社会相关的道德教育内容"部分。2017年修订版的中小学《学习指导要领》中在该部分单独设置了"国际理解"这一主题，且对每个阶段都提出了不同的要求。日本中小学道德教育中国际理解的内容是层层递进，逐渐加深的。简言之，道德科是以培养能够站立于国际社会的人才为目标的。

4. 中小学外语教育中的国际理解教育

相比于其他学科的国际理解教育理念渗透，外语教育可以说既是国际理解教育开展的基础，又是推进国际理解教育的途径。

首先，国际理解教育的目标是实现不同文化之间的理解和共生，但如果存在语言障碍，双方一定不能进行正常的交往，就没有真正的国际理解和国际交流。

其次，外语教育以日常生活、习俗、传统文化、地理和世界历史以及日本为中心，并提供相关的学习主题。这样不仅有利于加深学生对多样化的理解，形成公正的判断能力，还能引起学生对日本文化和英语背景下的文化的兴趣，使学生从广阔的视野深化国际理解，面向国际社会。

因此，外语教育在国际理解教育中尤为重要。2017 年日本再次修订中小学《学习指导要领》，建立了完善的英语教育体系，使小学英语课程目标与初中、高中英语课程目标有效衔接，整个中小学的学习内容呈螺旋状上升，加强了学生学习英语的连续性和有效性。在英语学习过程中，向学力和尊重人性这一目标被具体阐述为注重培养学生外语背景文化的理解力和站在他人的角度、主动使用外语进行交流的素养。

在英语教育学习内容上，多是针对家庭生活、学校活动、地域活动、打招呼、自我介绍、购物、吃饭、旅行、指路等活动，练习实用内容，如沟通和演讲技巧，内容深度会随年级逐渐加深。在小学阶段，锻炼学生较为简单的日常对话；初中阶段，会重视训练学生英语对话的能力，并增加相应的单词、语法学习；在高中阶段，会增加更多的话题内容，包括阅读与思考新闻和报纸上的资料、表达对社会问题的看法等内容。

（五）关注教师发展，提升教学水平

1. 完善小学教师培训和进修机制

出于对教师的重视，日本的 2003—2008 年五年教师培训计划和 2013 年新英语教育改革计划中提出教师培训措施，这使得教师整体素质得到了一定提升。2018 年，日本文部科学省提出，小学教育改革要建立新的教师进修机制：第一，由国家主导新的教师进修机制，对负责英语教育的领导者进行培训，由大学或专门的教师培训机构进行；第二，地方建立专门的教师培训中心，对当地小学的英语教师、骨干教师、年级主任等进行培训；第三，地方的每所学校必须聘用一位以上（包括一位）骨干教师，由其对本校的新英语教师进行培训，并对所有英语教师进行在校培训。该机制由国家教育委员会与大学、教师培训中心等外部机构共同合作，以校长和骨干教师为核心，能够有效促进小学、初中、高中的衔接，对我国教师培训和进修制度的完善具有重要参考价值。

2.建立国家外语教师师资认证制度

教师是教学的直接执行者和贯彻者，因此，英语教师的水平对国家的英语教育发展具有重要意义。除了完善本国教师的培训和进修机制，我们还可以从目标语国家引入本族语教师。1987年至今，日本一直雇佣英语本族语者，与日本英语教师进行合作教学，为日本的英语教育提供师资支持。除了培训本国教师，特别是小学英语教育教师外，日本在聘请以英语为母语的外国教师上投入了巨大的精力。外教的使用在很大程度上提高了日本的小学英语教育水平。

在聘用本族语英语教师方面，日本已经出台了国家外语教师师资标准，对外语教师的资格进行考核认证，在很大程度上保证了外籍英语教师的教学水平。

3.加强教师和外籍教师的合作和交流

日本小学的英语教育主要采用本土英语教师和外籍英语教师合作教学的形式，教师在课前互相交流、明确各自的任务，在教学过程中通力合作，充分发挥本土英语教师和外籍英语教师各自的优势，大大提升了教学质量。其中，班主任比较了解学生的生活环境、兴趣、心理特征和知识基础，班主任为学生积极地说英语做示范，能带动学生英语听、说能力的发展；外籍教师既能生动地向学生展现外国的语言和文化，又能示范标准的发音和正确的语法，给学生的英语学习提供一个较高的平台；而日本本土英语教师既可以促进外籍教师、班主任的交流，又能够给学生提供具有可行性的学习指导、建议。这种团结协作的教学模式反映出日本小学英语教师的较高素质，三类教师的紧密合作除了能够提高学生的语言交际能力、培养学生的文化意识，还能开阔本土英语教师的视野，提高本土英语教师的专业素质和教学能力。

（六）开展直接的异文化体验活动

在经济全球化进程中，为了培养青少年能够立足于广阔的国际视野，理解和尊重不同的文化，拥有与不同的文化群体和谐共处的能力，在实际教学中，不仅要使学生了解异文化的相关知识、掌握外语学习能力，更重要的是开展直接的异文化体验活动，通过与外国学校建立姐妹学校合作关系、开展海外修学旅行及青少年国际交流活动，让学生获得直接的异文化体验，如此才能更好地实现国际理解教育的目的。

1.开展海外修学旅行

日本学校实施了从初中到高中的修学旅行制度。一般在学年末进行，通过海外的修学旅行，让学生亲身体验世界各地不同的风土人情，增进对外国文化、地理等方面的理解。

海外修学旅行制度对于日本中学生的教育意义重大，可以培养学生的国际视野、跨文化交流能力、团队合作能力和自主学习能力等。学生可以通过亲身经历来了解不同文化背景下的社会与教育体系，开阔自己的眼界。

为了促进中学生的海外修学活动，日本政府和教育部门提供了相应的支持和指导。同时，许多中学也与国际机构、教育机构和文化组织合作，组织学生前往海外参加各种研学项目。这些项目涵盖不同领域，如语言学习、科学研究、艺术文化交流等，并且有针对性地设计了各种课程和活动，以满足学生的学习需求。

海外修学旅行制度在日本的发展也受到家长和学生的广泛支持和参与。许多家庭愿意为孩子的海外研学经历提供必要的支持。同时，学校和家长也认识到，海外修学旅行对学生未来的学习、就业和生活有着积极的影响，因此愿意积极配合和支持。

总体来说，中学海外修学旅行制度在日本得到了积极的发展和普及，为日本中学生提供了更广阔的学习和成长机会。这也有助于培养日本年青一代具有国际竞争力和全球视野的人才。

2. 开展青少年国际交流活动

为了让青少年在国际化进程中意识到自己是国际社会的一员，能够与不同文化和历史的人们实现和谐共生，日本文部科学省积极推进青少年之间的国际交流，为青少年提供不同的文化体验和共同生活的机会。其活动主要包括"青少年国际交流推进事业"和"地区青少年国际交流推进事业"两项。

"青少年国际交流推进事业"是指为了理解不同文化和不同文化的人，培养协调生活的态度，开展国内外青少年和青少年指导者的国际交流，加深相互理解，培养国际性的项目。该项目主要分为"日独交流"与"日韩交流"。值得注意的是，日本文部科学省在交流活动前后分别进行了有关异文化理解与日本人同一性的调查。异文化理解是指能够理解交流国的文化、历史，并且对新环境能及时适应。日本人的同一性是指能够解释说明自己国家的历史和文化。

"地区青少年国际交流推进事业"是指邀请不同文化的国家的青少年，提供一周左右的住宿，为学生提供在英语环境下共同生活的机会。在这样的活动中，通过参加国的文化介绍、世界问题的讨论可以使学生增强对世界的关注，通过介绍各自地区、国家的特色，使学生了解参加国的文化、历史，并且这种和外国人共同生活的体验活动，可以使学生乐于用英语进行交流，提高英语表达能力。

（七）构建国际理解教育主题课程

2006 年，文部科学省推进"国际教育推进计划"，在神奈川县藤泽市、新潟县上越市、三重县津市、大阪府丰中市、北海道东川町、山形县新庄市六个指定地区建立核心学校，并以此为中心联合非营利组织、大学，以及该地域国际教育推进团体，将全球性课题与地域特色相结合，进行小学、初中、高中一贯的课程开发与实践。

与此同时，一直致力于国际理解教育研究的日本国际理解教育学会 2006 年发布《全球化时代国际理解教育课程开发的理论与实践研究》，提出从多元文化社会、经济全球化社会、地球课题和对未来的选择四个学习领域进行国际理解教育课程开发，并提供了诸多国际理解教育课程的优秀案例。此外，日本国际协力机构（JICA）也把开发教育、国际理解教育作为各项事业中的一环。所以 JICA 也会公布汇编许多教师在实践过程中的国际理解教育的课程案例，以供参考。

总体来说，现在日本中小学的国际理解教育课程的开展主要分为两大类：一类是依托单一学科开展的主题课程，另一类是跨学科的主题课程。跨学科的主题课程是指依托两个以上的学校基础课程开发主题性质的国际理解教育理念课程，由于国际理解教育本身的综合性，所以跨学科的课程数量较多。

以下选取了日本国际理解教育学会发布的跨学科国际理解教育课程实施案例《渡海的日系移民》中的教案片段，来探究国际理解教育课程的具体内容、实施与评价。从整个课程内容上来看，这个单元选取了多文化社会里十分常见的一个要素——"移民"。首先让学生结合地区的实际情况，了解各地的外国人情况，同时结合教师所提供的外国人数据，让学生对多元化社会有切身的体会。

随后，通过相关资料了解移民的历史，再开展实地调研了解情况，做出最后的总结汇报，实现理论与实践的结合，促进文化理解，使学生了解多元文化之间的相互依存性，从而实现单元教学目标。

该单元的课程设计结合了社会科和综合学习时间的内容，所以，从课程实施上看，在小学阶段可以结合六年级社会科中的国际理解单元，在"与日本关系密切的国家"中进行。另外，还可以利用综合学习时间，多安排和当地日裔人进行交流活动和接触。在初中阶段，可以联系历史与公民的相关领域安排特别单元进行学习，或是直接单独开设都是可以的。在课程评价方面，主要是通过在课程实施过程中学生所表现出的言语、行为等能力评价学生的体验、知识、技能、态度四个目标的达成程度。

体验目标就是考查学生是否真正积极参与到实践中；知识目标考查学生通过这样的课程活动是否学到了相关知识；技能目标考查学生的表达能力；态度目标考查学生对主题课程的自我思考。这四个目标可谓层层递进、步步深入。

通过对上述教学片段的简要分析，可以看出日本国际理解教育课程目标明确、课程内容设计结合实际情况开展，在课程实施中也可以直接插入现有学科内容中，不会出现难以实施的情况，且课程评价的体系也颇为完整。所以，从整体来讲，日本中小学的国际理解教育课程是十分完善合理的。

（八）开发国际理解教育相关教材资源

21 世纪以来，日本国际理解教育进入学校实践阶段，国际理解教育的相关教材也越来越丰富。日本开发国际理解教材的团体有很多，JICA、开发教育协会（DEAE）等都有专门的教材。值得注意的是，JICA 所开发的教材是可以在网站公开免费下载的，而 DEAE 的教材是公开售卖的且部分也在网络上公开，十分方便学校、教师、学生接触相关资源。此外，日本外务省、联合国情报中心网站也开发了国际理解教育相关的网络资源以供学习。

1. JICA 的国际理解教育教材

JICA 作为国际协力机构，对国际理解教材的开发更多放在环境、卫生、教育援助等全球性问题上，试图通过各种教育形式，让学生了解世界各个地区特别是发展中国家的情况。其编写的内容多是由遍布全世界的 JICA 工作者提供的，通过小册子、图片、网络等形式，让学生可以便利地了解全球的发展情况，增进文化理解与体验。JICA 提供的面向学生的国际理解教育教材分为书本、网络教材、图片教材三种。

2. DEAE 的国际理解教育教材

自 1982 年成立以来，DEAE 以国际理解和国际援助为主题开发的教材约有30 种。其中，《研讨会版·假如世界是 100 人村》获国际人权教材奖、《用照片学习吧！地球的餐桌学习计划 10》获得消费者教育教材资料表彰"内阁特命担当大臣奖"。近年来，开发教育协会设计开发的国际理解教材可谓种类丰富、数量极多。

3. 其他国际理解教育网络资源

（1）外务省的网络资源

日本外务省的政府开发援助（ODA）开发有面向义务阶段发展教育、国际理解教育的网站"探险吧！大家的地球"。在该网站中，学生可以浏览世界各地的公共设施、工作、交通、购物等相关生活的照片与介绍，了解世界各地的生活状态。或者单独浏览自己感兴趣的国家介绍，了解日本和国际社会的关系。此外，还有猜谜等游戏活动，使学生加深对世界各地文化、历史的了解。

此外，外务省还开发了专门为儿童服务的主页"kid 外务省"。该主页以"愿与世界上所有的人并肩，互相帮助，共同生活"为主题，为儿童提供了解世界各国学校、国旗等各种基本情况和外务省工作情况的机会。

（2）日本联合国情报中心网站

日本联合国情报中心网站提供了学校教学所能使用的联合国录像，并按照战争、维和活动、核武器、恐怖主义、人权等主题进行了分类。此外还提供了联合国儿童基金会等机关和日本放送协会（NHK）制作的影像以供使用。

第六章　我国中小学国际
理解教育课程的探讨

我国中小学国际理解教育接纳与承袭联合国教科文组织的理念，教育的目光开始转向国外，强调各国各地区之间的理解与合作，致力于解决世界共同面临的问题。接着"扩大教育开放"语境下的本土模式探索具有中国特色的国际理解教育的发展道路，最后进入"全球竞争力"与"全球共生力"之融合阶段，注重全球责任意识和人类命运共同体意识，阐明内涵，说明其重要价值。我国中小学国际理解教育课程要进行明确课程定位、加强课程管理、丰富课程资源、加强课程师资建设等方面的探索。本章分为我国中小学国际理解教育的历史发展、我国中小学国际理解教育课程的探索两个部分。

第一节　我国中小学国际理解教育的历史发展

国际理解教育理念的提出已有半个世纪，在西方国家及韩国、日本等国实施较早。我国国际理解教育起步较晚，处于探索及推广阶段。我国有关国际理解教育的研究自20世纪80年代起才逐步展开，但受到广泛关注则是在2000年之后。

20世纪80年代，我国提出了"教育要面向现代化、面向世界、面向未来"；1995年中共中央第十四届五中全会宣布将进一步扩大改革开放、发展市场经济，中国教育也开始将目光转向世界，国际理解教育开始进入中国教育工作者的视野。

2001年《基础教育课程改革纲要（试行）》将国际理解意识列为素质教育的一个重要内容，并将其视作全面发展的人所必须具备的能力。《基础教育课程改革纲要（试行）》不仅论述国际理解教育的重要性，同时第一次将国际理解教育与素质教育的发展联系起来，两者的关系为素质教育包括国际理解素养，国际理解素养能够促进素质教育的提升，为此提出了在素质教育中引入国际理解教育的必要性。同年的课程改革，国家课程体系转变为三级管理，在校本课程中开展国际理解教育、培育世界公民的实践初显。直到 2010 年国家政策文本中正式提出了国际理解教育一词，我国的国际理解教育课程体系才逐渐有了方向。我国地方政府出台了方案，提出了相应的课程目标。

2010 年《国家中长期教育改革和发展规划纲要（2010—2020 年）》中特别提出，加强国际理解教育，推动跨文化交流，增进学生对不同国家、不同文化的认识和理解，把国际理解教育提到了我国教育政策的高度。这既是教科文组织倡导的国际理解教育理念在我国转化为教育政策的体现，也是我国教育自身发展对人才培养的客观要求，这开始引起各部门的重视。这一文件中提出了培养国际化人才的要求，强调在文化交流中增进理解。纲要中的部分表述表明我国在国家政策的范围开始重视国际理解教育，其中明确提出，要加强国际了解，推动文化交流，这是我国首次在国家政策层面上明确提出要重视国际理解教育。

2011 年，中共十七届六中全会上教育部提出增进他国对我国文化理解的具体措施，如建立文化交流的机构、推动海外办学、提高办学质量和办学水平等。

2013 年，习近平主席提出"一带一路"倡议，倡导沿线国家要"政策沟通、设施联通、贸易畅通、资金融通和民心相通"，从国家战略层面为国际理解教育提供了新机遇。

2014 年，中小学研学活动兴起，活动的范围并不局限于国内，在世界范围开展。因此，在《中小学学生赴境外研学旅行活动指南（试行）》中明确提到，为促进对外交流，应当加强对中小学生的国际理解教育。

2016 年，中共中央办公厅、国务院办公厅印发《关于做好新时期教育对外开放工作的若干意见》，再次强调要丰富中外人文交流，促进民心相通；积极开展国际理解教育，加强人文交流机制建设，国际理解教育被提升到了国家战略层次。

2016 年发布的《中国学生发展核心素养》对国际理解素养的定义做出了官方解读，厘清核心素养与国际理解素养之间的关系，并且将国际理解素养列为中学生九大基本核心素养之一。其中国际理解素养的重点内容是具有全球意识和开放的心态，了解人类文明进程和世界发展动态；能尊重世界多元文化的多样性和差异性，积极参与跨文化交流；关注人类面临的全球性挑战，理解人类命运共同体的内涵与价值等。这将为我国中小学国际理解教育的探索发展明确方向。初中阶段是学生形成人生观和价值观的重要阶段，教师要引导学生认清国家形势的复杂性，要在国家认同和民族自信的基础上开展国际理解教育，学习其他国家的先进文化和科学技术，培养青少年相互理解、尊重、包容的价值品质。

2016 年，中共中央办公厅、国务院办公厅印发《关于做好新时期教育对外开放工作的若干意见》，从国家、政府层面提出详细的关于推进国际理解教育的要求，完善相关制度，搭建更多的交流平台，开展更多的研究项目。这些要求更加具体，具有可操作性，能够有效推进国际理解教育的实践。2017 年我国学生核心素养框架发布，将"国际理解"列为一项核心素养之一。

2019 年 12 月，《国际理解教育在中国——现状与未来》报告在北京发布，报告阐明了中国在国际理解教育领域的三大基本特色：中国学生的知识面广、掌握扎实，为国际理解教育的开展奠定了良好基础；中国持续升温的出国留学热催生了对于国际理解教育的巨大需求；中国企业和中国政府对于国际化人才的渴求昭示着国际理解教育的重要价值。2019 年 12 月，"Learning by Doing——国际理解教育的青羊模式探索暨熊猫课程发布会"在四川成都召开，围绕国际理解教育的主题展开深入的交流、探讨，并发布了"熊猫课程"，旨在立足于宣扬和传承中国特色传统民族文化，在国际理解教育中担当文化输出的特色品牌，帮助学生在对本民族传统文化充分了解和认同的基础上，培养学生的文化自信和爱国主义情操，在国际交流互动中，形成民族平等意识和民族团结合作精神。《中国教育现代化 2035》提出，全面提升国际交流合作水平，扎实推进"一带一路"教育行动，积极参与全球教育治理，深度参与国际教育规则、标准、评价体系的研究制定。这与国际理解教育加强国际和平与合作，促进双方理解与包容的目标是一致的。

2020 年 6 月，《教育部等八部门关于加快和扩大新时代教育对外开放的意见》印发，提出要着眼于加快推进我国教育现代化和培养更具有全球竞争力的人才，加强中小学国际理解教育，帮助学生树立人类命运共同体意识，培养德、智、体、美、劳全面发展且具有国际视野的新时代青少年。这代表当今我国人才培养应将国际理解素养的培育作为重要目标之一，各个阶段的学校都应该将其作为重要教育内容。尤其是中小学在我国教育体系中发挥着最基础的作用，国际理解素养的提出直接引领各国中小学课程改革。初中阶段是学生形成独立人格、自由思想的关键时期，学生正处于价值观、人生观、世界观形成阶段，是国际理解素养培育的黄金时期，在整个基础教育阶段提升学生国际理解素养中起着承上启下的关键作用。

其中，2016 年和 2020 年是重要的分界节点。2016 年前，我国国际理解教育研究热点变化较大，2016 年后，研究热点呈现较强的连续性，注重国际理解素养培养，聚焦人类命运共同体，重视国际理解教育课程开发与课程体系的建设，推动国际理解教育切切实实的落地实践。在 2020 年之前，对国际理解教育的表述更加侧重"国际交流"，2020 年后，开始从"人类命运共同体"的角度进行阐述。2016 年颁发的《关于做好新时期教育对外开放工作的若干意见》以及 2020 年 6 月《教育部等八部门关于加快和扩大新时代教育对外开放的意见》赋予国际理解教育时代性，指出新时期教育改革当中国际理解教育的实施要求，这两份报告进一步明确了新时期国际理解教育在我国发展战略层面上的要求。这间接地反映出，我国对国际理解教育的接受度越来越高，更加强调经济全球化。

随着世界一体化进程的加速，中国在世界范围内的地位也在逐步提升。2022年冬奥会在全球首个"双奥之城"北京举行。随着中国与世界的联系不断增强，为了提高中国在世界上的话语权，国际人才的培养显得尤为重要，这对义务教育阶段的教师提出了更高的要求。少年强则国强，少年富则国富。在冬奥会的赛场上，"00后"让世界看到了中国年青一代的自信大方与从容坚定。未来将会有更多具有国际视野的青少年走向世界舞台，因此，在新的课程改革背景下，国际理解教育的理念与我国基础教育改革的发展方向是一致的，这也契合义务教育课程标准的理念，紧跟经济全球化时代的要求。

从国际理解教育这几十年的探索和发展历程中可以看出：国际理解教育是世界各国在追求世界和平的过程中逐渐形成和发展起来的，它也在客观上对世界各国共存共生的和平发展起到了无可替代的稳定和推动作用。在世界发展形势日趋复杂的今天，如何探索国际理解教育新的时代内涵和实践探索具有非常重要的现实意义。

因此，从以上我国中小学国际理解教育的发展阶段来看，贯穿国际理解教育发展的主题是和平理念，在和平理念下始终要求不同文化、不同价值观的人之间相互理解、尊重彼此的生命和尊严。此外，经济全球化背景下解决人类共同的重大问题，建设美好的人类共存家园是作为世界公民义不容辞的责任，可持续发展理念也成为国际理解教育在当今时代的重要主题。在这种逻辑主线下要求学生达到的能力正是国际理解教育的内容维度，即文化自信、文化包容以及全球视野。文化自信是对自身文化和价值观的认同与尊重，文化包容是对他国文化和价值观的认同与尊重，全球视野是拥有站在全人类角度思考问题的能力以及承担责任的勇气。这三个内容维度也体现出了三层递进关系：人与自我的关系、人与他人的关系以及人与世界的关系。具体要求是使学生具有爱国主义、集体主义精神，热爱社会主义，继承和发扬中华民族的优秀传统和革命传统；具有社会主义民主法治意识，遵守国家法律和社会公德；逐步形成正确的世界观、人生观、价值观；具有社会责任感，努力为人民服务；具有初步的创新精神、实践能力、科学和人文素养以及环境意识；具有适应终身学习的基础知识、基本技能和方法；具有健壮的体魄和良好的心理素质，养成健康的审美情趣和生活方式，成为有理想、有道德、有文化、有纪律的一代新人。

第二节　我国中小学国际理解教育课程的探索

一、明确课程定位

我国中小学国际理解教育目标是为了使青少年一代在对本民族主体文化认同的基础上，了解他国历史、文化、社会习俗的产生、发展和现状；学习与其他国家人民交往的技能、行为规范和建立人类共同的基本价值观；学习正确分析和预见国际政治、经济发展状况及其对本国发展的影响；正确认识和处理经济竞争与合作、生态环境、多元文化共存、和平与发展等方面的国际问题；培养善良、无私、公正、民主、聪颖、热爱和平，关心人类的共同发展的情操；担负起"全球公民"的责任和义务。

国际理解教育课程定位决定了国际理解教育课程开发价值取向。课程定位反映教师对国际理解教育课程的判断和预期，即他们对国际理解教育课程属性、自身需要以及现实条件等的认识和理解。国际理解教育课程定位在一定程度上决定着国际理解教育课程目标，进一步影响国际理解教育课程设计与实施环节。不同课程定位下国际理解教育课程，其课程目标不同，课程内容选择、课程实施等均有所不同。只有明确课程定位，整合多方面主体需要，形成国际理解教育课程正确认识，才能引导国际理解教育课程有效实施。

（一）调和多方面课程开发主体的需要

国际理解教育课程开发主体主要包括学校、社会、个人、国家等。课程开发者在进行国际理解教育课程开发活动时，必须考虑这些主体的不同需求。国际理解教育课程作为一门校本课程，学校是课程开发的主体，除了要考虑自身需求，还要考虑课程不同主体的需求，实现多方面主体需求的调和。

一方面，学校作为国家机器，是国家意识形态的体现，需要满足社会与国家对人才培养质量的要求。另一方面，学校也要满足促进个体自我发展和人格完善的需要，重视个人的价值、需要和兴趣，关照人的情感、意义与价值，指向人的自我完善和发展。表现在国际理解教育课程中要审视自我，理解差异，认识到个人尊严和尊重他人的重要性，形成理解、开放、包容、平等、多元等态度，养成终身学习的必备能力。此外，学校作为一个独立组织，其本身也会有着特殊需要，体现为凸显学校办学特色。

这些不同主体的多元需求在小学体现得非常充分。在课程开发过程中，课程开发是什么，实现什么目的，获得什么样的满足，这些需求主导课程开发行为倾向。学校作为国际理解教育课程开发主体，在课程开发过程中，如何看待不同主体需求并对需求进行调和十分关键。若抛开个人需求，只考虑学校或是社会需要，或只谈社会需求，忽视个人需要，都会让学校课程定位发生偏差，从而导致课程开发价值取向偏离。国际理解教育课程需求的调和要以国家、社会、个体需求在学校课程开发实践中得到充分体现，坚持和谐统一的观点，对国际理解教育课程开发发展的状态水平、形成的效果有一个基本认识，使得课程开发朝着更好的方向前进。

因此，学校国际理解教育课程开发重要的任务是平衡各类主体的价值诉求，推动国际理解教育课程的构建，引导课程开发重要的价值方向。对于此，就需要建构国际理解课程开发多元主体结构，并鼓励多主体参与课程开发活动，表达自己的价值诉求。例如，在国际理解教育课程开发中，密切联系家长和学生，让家校合作落在实处，形成教育合力等。

（二）形成对国际理解教育的正确认识

国际理解教育课程是国际理解教育理念的实践载体和现实依托。课程开发者对国际理解教育课程的属性认识、需求判断等都会对国际理解教育课程产生影响。他们从自己认识的国际理解教育课程出发，思考国际理解课程对于中小学生成长的意义与价值，从而设计确立国际理解教育课程的目标，选择和组织课程内容。在实际国际理解教育课程实施中，部分教师对国际理解教育课程的属性、特点、价值并未真正认同和理解，将国际理解教育课程看作国际理解教育知识课程、差异教育等，陷入国际理解教育课程认知误区，进一步影响课程开发实践行为。

据此，针对现实问题，首先，从思想上形成正确认识。学校教师认真学习和掌握国际理解教育课程的相关理念，开展相关培训和教研活动，了解国际理解教育的发展历史和内涵，转变过去对于国际理解教育的错误观念，形成对国际理解教育课程意义与价值的正确认识。教师要根据中小学生对国际理解教育课程的现实需要，确立国际理解教育课程开发应然价值取向，进而有意识地进行有效的课程实践活动。其次，树立多元统整观念。课程开发主体没有认识到国际理解教育课程属性，大多立足于自身利益，出现了"众口纷纭"的局面，造成了国际理解教育课程定位的偏差和冲突。以国际理解教育课程工具性取向和人文性取向为例，这两种取向在国际理解教育课程实践中都有合理性和实践意义，在课程活动中不能非此即彼地选择某一种课程。然而在现实中，在国际理解教育课程实践活动中，除了本身育人本体性功能之外，被附带了教育之外的功能，工具性取向凸显。因此，课程开发者应对当下的国际理解教育课程定位中存在的问题进行认识和审视，对现有价值取向充分把握和理解，树立多元统整的观念，保证课程实施者能够理解和接受课程定位，引导确立课程的正确方向。

（三）拓展国际理解教育的广度与深度

目前，我国中小学生还存在着文化辨识能力较差、对具体全球性问题的关注较少、实际行动力较差等问题。归根结底，学生学会的国际理解教育相关知识和技能停留在头脑观念中，较少能与实际生活问题结合在一起，掌握不深入，而且学生很难形成从全球角度思考的大局意识。通过对政策文件的分析，我国国际理解教育政策比较关注学生的意识形态，对学生技能的描述多用于跨文化场景，然而对全球层面的技能尤其是行动力的表达鲜有出现，行动力是国际理解素养的外在表达，能够真正地体现一个学生国际理解素养的水平高低，有利于从实践层面保护全球环境，构建人类和谐社会。

因此，中小学校要真正实现学生国际理解教育水平的提高，加强中小学生国际理解教育行动力的表达，必须丰富评价内容，突破课堂教学的四方墙壁，力求使问题与学生的社会生活实际、生活经验等紧密联系起来，要求学生综合地应用所学知识来解决实际问题，在活动中观察和评价学生的思维意识和行为表现，及时指导与更正，让学生真实地体验到多元文化与全球环境对自身的影响，在富有实际生活气息的教育和评价中增强中小学生的全球责任和跨文化能力。

二、加强课程管理

国际理解教育课程课堂实施是国际理解教育课程的外显和具体化，具体包括国际理解教育课程主题内容、教学形式、组织方法等。一则可借助国际理解教育课程实施考察国际理解教育效果，透视国际理解教育现有课程实施效果。二则教师可以在课程实施过程中辨析、质疑、反思价值观念，检视国际理解教育课程实施，并在后续的课程实施过程中对国际理解教育课程定位偏差进行调整，实现课程定位贯彻始终。国际理解教育课程实施是将国际理解教育课程开发价值取向落在实处，需要从灵活选用课程教学方法、建立课程实施监督机制和建立合理激励机制三个方面着手。

（一）灵活选用课程教学方法

课程教学方法是教师依据教学内容所采用的教学手段、步骤、手段和技术的综合运用。教学方法是为教学目标和价值服务的，它直接关系到教师的教学质量和学生的学习成绩。中小学国际理解教育课程教学方法丰富多样，常用的教学方法有情境教学法、角色扮演法、问题解决教学法、任务教学法等。基于中小学国际理解教育课程目标和内容，选择合适的教学方法是提高国际理解教育课程教学质量的重要因素，能够助推国际理解教育的融入。

①情境教学法。情境教学法是依据教学目标与内容，以学生的生活经验为基础，联系社会话题、时事热点、影视作品等，创设教学情境，帮助学生学习的一种教学方法。教师通过情境创设，以生动、具体的方式呈现在学生面前，调动学习的积极性，激发求知欲。学生在教师创设的课堂情境中，学会将所学知识迁移运用到真实情境，在潜移默化中学习国际理解教育内容，形成国际理解的观念与态度，提高国际理解力。教师采用情境教学法在教学中渗透国际理解教育时需要遵循真实性、典型性、客观性、趣味性等原则。情境教学法是课本知识与现实生活联系的纽带，教师首先应当努力挖掘生活素材，做好情境创设的准备。其次，教师要创设真实的情境，客观地还原事实，但需要注意不是生活事例的简单罗列，而是找到生活事件与国际理解教育课程知识点的联结点。最后，教师要考虑中小学生已有的认知水平，具有可探究性、趣味性，符合中小学生的认知需求，调动中小学生融入情境的积极性，营造情感氛围。通过情境教学法在学科课程教学中融入国际理解教育，能够营造轻松的课堂氛围，为学生提供自主学习与自主探究、合作学习的机会，提高学习的积极性，提高学习的效率。通过情境创设，将学科知识与国际理解教育内容相结合，与实际问题

相联系，有利于提高中小学生迁移应用以及问题解决的能力，增强国际理解教育的有效性。

②角色扮演法。角色扮演法是教师围绕某一主题，营造真实的生活情境，组织学生模拟扮演角色，设身处地就某一问题发表看法，探讨问题解决措施的教学方法。角色扮演的方法能够引起中小学生对社会现实问题的深入思考，在演绎的过程中，深入情境，探讨出具体的问题解决方法。对于国际理解观的培养，中小学生的参与和体验至关重要，即以教学活动为载体，使中小学生积极参与，树立国际理解教育的价值观，形成尊重、理解的态度，提升国际理解的能力。例如，在加强国际合作这部分内容中，教师可以设计"模拟联合国气候变化谈判"这一真实的工作情境。学生分别扮演主持人、记录员、发达国家代表、发展中国家代表、欧盟成员国代表等角色，结合所学，查找资料，在明确各个角色核心诉求和利益底线的基础上，模拟联合国气候变化谈判。通过扮演角色，模拟谈判，明确各国对于全球气候变化面临的挑战存在的矛盾冲突与分歧，明确各国应当承担的责任。角色扮演法作为一种适合不同程度学生同时学习的教学方法，教师通过沉浸式的活动设计，使学生通过角色扮演的方式，更加深刻地认识各个角色之间的相互关系，理解情境中的问题与观点。学生通过参与角色的扮演，获得对生活真实问题的体会，有助于提高认知水平，学会多角度思考，形成良好的情感、态度、价值观。

③问题解决教学法。问题解决教学法是在教师的引导下，按照系统的步骤，使学生思考、探索并解决问题，启发学生思维，培养问题解决能力的教学方法。学科核心素养的本质是教会学生在真实的情境中发现并解决问题。国际理解教育的目的在于让学生掌握国际理解教育知识，在认识存在差异这一事实的基础上，面对差异时报以尊重、包容、理解的态度，最终能够学会在不同文化背景下，与他人进行信息与情感的交流，共同解决人类面临的共同的全球性问题。在采用问题解决教学法时，要遵循问题解决的基本路径，引导学生发现问题，理解问题的关键所在，进而提出问题，再通过推理或观察的方法分析问题，寻求问题解决的方法，最后解决问题。例如，地理学科教学中以环境安全与国家安全内容为例，面对全球资源分布不均，世界各国各类资源供需矛盾突出的问题，核能被认为是缓解这一问题的重要途径。核能被认为是一种清洁能源，核能的开发与使用能减少对石化能源的依赖，又能避免石化能源带来的环境问题。大力发展核能看似是各国维护国家资源与环境安全的双赢选择，但是核能存在一定的风险。在进行地理教学时，教师可以引导学生发现并提出是否应该发展核能这一问题。之后为学

生提供图文等相关资料，了解发展核能的优势，认识发展核能存在的潜在风险，分析各个国家对是否发展核能的选择情况，最后综合利弊探讨人类究竟是否应该大力发展核能这一问题的答案。通过对这一问题的探究，学生能够在解决地理问题的过程中归纳出解决资源供需矛盾问题的一般思路。

④任务教学法。任务教学法就是以任务为主的教学方法，学生通过完成某些特定的任务来完成学习，教学中的任务就是学生在理解和使用知识的过程中所做的活动。例如，在英语课堂中，一边听教师的英语指令一边做出对应的动作，教师通过设计活动来让学生使用英语完成任务等。教师使用任务教学法时应该注意以下几点：设计贴近学生生活的任务，要真实有意义；根据学生的实际情况设定学习目标；所设的任务应该适合学生的水平，难度适中；鼓励学生在完成任务的过程中积极进行交流合作；给学生提供适当的帮助、监督和反馈等。任务教学法给学生提供了沟通合作和解决问题的机会，并让学生有机会体会不同的文化，感受文化差异并尊重不同的文化，有利于英语教师在课堂中培养学生的国际理解素养。

总之，在中小学开展国际理解教育选择教学方法时，首先，教师应了解不同方法的本质特征，熟悉不同方法的优缺点及适用范围，并且能够熟练运用，使其更好地发挥作用。其次，教师要根据教学需要，梳理重难点，厘清教学方法与教学内容的关系，选择适宜的教学方法。教师应基于教学目标层次、侧重点的差异，结合学生的认识需求与心理特征等教学实际情况，运用不同的教学方法。

（二）建立课程实施监督机制

国际理解教育课程实施监督与考核是国际理解教育课程贯彻落实的有力供给和督导。教师作为国际理解教育课程实施者，其教学行为反映国际理解教育课程实施情况，一定程度上折射出国际理解教育课程的开展情况。加强国际理解教育课程实施监督，既有助于规范教师的教学行为，提升国际理解教育课程实施的实效性，又有助于透过课程实施反思现有国际理解教育课程定位，保证国际理解教育课程朝着理想状态发展。因此，这就需要学校构建完整的课程实施监督机制，加大对国际理解教育课程实施环节课程落实落地的有效督导。

首先，明确上课规范，制订详细的考核方案。学校要建立健全国际理解教育课程实施管理机制，明确课程实施规范，建立参与课程实施管理小组，制定详细的课程实施管理细则，将课程管理落实在课程实施的每一环节，并将实施情况纳入学校综合考核。实行"推门课""领导听课"常态化，借助多种反馈方式如教师问卷调查、学生访谈形式对国际理解教育课程的实施情况进行考察和监督。通过有效的监督管理制度，反思国际理解教育课程实施的不足，缩小观念与行动之间的差距，提高国际理解教育课程实施的效率，以达到国际理解教育课程定位与课程实施的"知行合一"。

其次，发挥学生、家长、其他学校的监督力量。以学生为例，学生作为国际理解教育课程实施活动的参与者，可以正面地、直观地说出国际理解教育课程的经验感受、收获体会。借助学生的反馈，可以得知国际理解教育课程的实现程度，对比现实国际理解教育课程与理想的、应有的国际理解教育课程间的差距，思考国际理解教育课程的适宜性，促使国际理解教育课程能够得到有效调整。家长和其他学校对国际理解教育课程实施的考察更具有全面性和综合性，可以为国际理解教育课程实施提供意见和建议，提升国际理解教育课程实施的针对性，扩大影响力。

（三）建立合理的激励机制

国际理解教育课程得以真正落实产生实际效用，关键在于国际理解教育课程深层次观念向实施行为切实转变。在对国际理解教育课程实施进行考察时，要注意中小学国际理解教育课程实施呈现出的形式化、表面化、浅层化的困境，课程定位和行动落实之间存在的偏差。事实上，要想实现国际理解教育课程顺利开展并一以贯之，合理的激励制度是其前进的动力源泉。国际理解教育课程实施的活力源于内部驱动和外部刺激。可以通过转变观念、调动教师个体的积极性形成内部驱动，通过奖励、评比等形式形成外部刺激，激励教师参与国际理解教育课程的实施。

学校要进行量化考核，对国际理解教育课程实施过程和实施效果制定量化积分表，并将国际理解教育课程实施量化评定纳入年度综合考核。此外，结合周考核和月度考核进行综合评定，规范评定的内容与细则，对积极推动国际理解教育课程实施的教师和班级给予奖励。在具体的考核内容上，学校坚持正确的国际理解教育课程定位，对于国际理解教育课程实施，教师是否参与、参与次数、参与效果都是教师的日常考核重要指标，要将其纳入评价指标并进行科学合理的计算，对表现突出者予以物质和名誉上的奖励。而对于学生而言，学校可以通过举办国际理解教育课程成果交流评选活动并建立相应的奖励机制，邀请不同的学校联合举办，鼓励学生积极参与国际理解教育活动，提高学生在国际理解教育活动中的参与度，激发创新的潜能和动力。

（四）改善课程评价方式

教学评价是以教学目标为依据，通过某种方式和途径对教学活动和学生的学习成效进行评估的过程。教学评价能够从整体上对课堂教学进行评判，使教师全面了解学生对知识的掌握程度，为教学方法的选择与改进提供依据，提升教育教学质量。开展国际理解教育课程评价是进行深入学习的一种方式，传统的评价方式并不适用，如今对评价体系的探索也是在强调素质教育的今天的重要研究课题。应通过科学的评价方式和完善的评价体系对学生进行有效的评价，改进教学，促进学生发展，提高国际理解教育的质量。

第一，更新评价观念，以促进发展为目的。传统的教学评价理念过分关注考试成绩，忽视学生的全面发展，不利于培养个性鲜明的个体。教育的最终目的是促进学生全面发展，因此教师应当树立创新的评价观念，为学生的个性发展提供条件，塑造健全的人格，促进中小学生全面发展。通过评价，激发学生的内在发展动力，实现自身的价值，培养个性鲜明并且具有国际理解素养的世界公民。

第二，评价方式多样化，创新评价方式。学生国际理解教育课程的评价是国际理解教育的重要环节，需要教师采用多种评价方式，对学生进行综合评价。教师可以根据需要，通过多次与多阶段的动态评价全面地了解教学效果。教师可以采用开放性考试、成长记录袋、学习日记等方式，不断给予学生反馈，帮助学生正确地认识与评价自己，使学生在感受进步的过程中获得成功的体验，建立自信，从而促进素养内化。

第三，研制评价框架，角度多维，标准分层。国际理解教育课程的内容包括知识、技能和态度三个方面，最终帮助学生形成国际理解素养。因此，国际理解教育课程的评价也应当不局限于国际理解知识掌握的程度，还应该对学生的国际理解能力、态度、价值观等多个维度进行评价。教学评价的过程是价值判断的过程，要做出合理的评价首先应当确定合适的评价标准。每个学生都是独立的个体，发展水平存在一定的差异，因此评价标准也应当分层化。评价标准的制定应当关注不同水平的学生的发展需求和水平的差异性，以不同的评价标准对学生分层进行评价。坚持普遍性和特殊性相结合，促进学生在自己原有水平上发展个性。此外，还要坚持评价主体多元化，构建完整的评价体系。教师是评价学生国际理解素养的重要主体，但不是唯一主体，评价主体的单一化容易导致评价结果片面，具有局限性。因此，需要通过多主体反馈，多渠道收集信息，确保评价的科学性，促进被评价对象全面发展。

第四，拓展评价形式，收集多元化资料。国际理解教育的复杂性决定了多元评价的重要性，国际理解教育课程本身是多维度的复杂建构，评价内容涉及知识、技能、态度等多个层面，需要收集的资料也更为复杂多样，这就需要采用多种形式的评价方式，包括正式或非正式的观察、对话分析、作业、团队任务等，确保资料收集的全面性。因此，工具使用者不要完全照搬单一的评价工具作为评价学生的手段，可以在评价维度和工具的借鉴上结合其他评价方式，加强这些评价手段在国际理解教育实施过程中的应用，建立学生个人国际理解教育档案，收集学生多元化的学习结果，随教随评，及时地、准确地、动态地反映和了解学生学习过程中的各种困惑、不足与收获，以便丰富对学生的整体评价，及时地引导学生朝着良性的方向发展并获得持续性的进步。

另外，国际理解教育具有个体差异性，还应关注学生的家庭背景、经济等社会性背景对国际理解教育的影响，将其纳入档案资料之一，采取个性化评价，将教育水平置于具体的背景中加以分析和解释，从而更加精准地分析出提升国际理解教育课程实施有效性的途径与方法。

中小学生对自我也有一定的认识，因此学生作为评价的对象，也应当纳入评价主体。因此，为了更加全面、真实地评价学生，需要增加评价主体，由以教师为主转为多元化的评价，让教师、学生、家长等都能够参与评价，将教师评价、学生自评、小组互评、家长反馈结合起来，建立多元的交互评价制度，构建完整的国际理解教育评价体系。

三、丰富课程资源

为保证国际理解教育课程实施，国际理解教育课程资源不可或缺。合理开发并利用国际理解教育课程资源，是课程实施的重要支撑，也是保证国际理解教育课程定位实现的重要条件。同时，课程资源的选择要遵循课程定位并与之相匹配，满足中小学生课程的需要与要求。针对于此，可以从构建国际理解教育课程资源储备库、建立国际理解教育课程资源遴选体系、跨学科整合国际理解教育课程资源和充分利用校外资源出发，优化课程资源的有效整合。

（一）构建国际理解教育课程资源储备库

课程资源为国际理解教育课程贯彻落实提供支撑条件。国际理解教育课程资源并不是单一的知识体系或文化资本，而是承载着特定的课程价值观，在中小学国际理解教育课程内容和课程目标的指导下，选择和组织而成的内容体系。

国际理解教育课程的实现范围如何、实现程度如何，关键在于课程资源的匹配程度。

开发校本课程需要把校内外的一切资源合理地集合起来，转化为有效的课程资源。由于国际理解教育课程资源具有一般课程资源的共性，即广泛多样的特点，也具有自身课程的独特性，这就导致国际理解教育课程资源在开发过程中存在更多难度，容易出现课程资源质量不高、零散等问题。这就需要学校建立国际理解教育资源储备库，整合国际理解教育课程资源。

首先，对现有资源进行分门别类的整合和处理。根据学校国际理解教育课程设计的主题线索对国际理解教育课程资源进行整合，提升课程资源的有效性。在对国际理解教育课程资源进行整理和分类时，需要考虑以下几个问题：该资源属于哪一主题内容；有利于哪些技能获得；有哪些缺点和不足，如何调整；等等。将整理后的资源编制资源条目表，并把新的国际理解教育课程资源补充到相应的资源条目表中。

其次，在建立资源库的过程中，建构纵横交错的国际教育课程资源网。从横向来看，扩大课程资源的选择范围，充分发挥社会力量，与社区、博物馆等校外机构建立紧密的联系，拓宽国际理解教育课程资源选择的渠道。从纵向来看，通过与国际理解教育教研中心、高等大学、教育部门建立纵向课程资源共享体系，促进国际理解教育课程开发的专业发展。

最后，发挥互联网和大数据在资源整合方面的优势，配备相应的软硬件配置，建立国际理解教育课程开发数据资源库，形成校本课程的网络资源链，解决国际理解教育课程开发中资源不足的问题。

（二）建立国际理解教育课程资源遴选体系

课程资源的选择和开发是一项复杂的工作，并不是所有资源都能够进入课程。在这个过程中，开发什么资源、遵循怎样的规范和原则、如何实现课程资源与课程开发价值取向相匹配都是课程开发者必须面对的问题。也就是说，课程资源选择和开发要体现"适宜"，在开发、选择和利用的过程中，根据学校、学生、教师发展的现实情况，以需求为导向，建立国际理解教育课程资源筛选机制，开发出适宜性的课程资源。一是构建国际理解教育课程资源共享机制。精选课程资源，反复研讨，针对本校学生量身定制，满足学校特色发展和学生个性发展的需要。建立校内外国际理解教育课程资源共享机制，整合课程资源，提高课程资源的利用效率。二是拓宽国际理解教育课程遴选范围。针对国际理解教育课程资源单一的问题，建议教师在深入理解国际理解教育内涵的基础上，多维度、多视野跨学科开发国际理解教育课程资源。国际理解教育课程中的资源应覆盖多个层面，既包括校内资源，也包括"大社会""大自然"中的校外资源。只有这样，才能使国际理解教育民族知识有扎根于文化土壤的发达根系，让学校课程的内容更加丰富多彩。三是建立国际理解教育课程资源遴选原则。首先，遵循生活性原则。"教育即生活"，生活就是最好的教材。在国际理解教育课程资源的开发过程中，在选材和类别上选择与学生生活息息相关的素材，应避免选取那些脱离学生生活实际的。只有生活经验与科学知识有机结合，才能有效提升国际理解教育课程开发的效果。其次，遵循课程资源开放性原则。国际理解教育课程资源开发不能局限于现有的眼界，拓宽视野，从社会、生活中去寻找国际理解教育课程资源。不设置过多的标准，保持开发者思维的多元性。最后，保证课程资源适宜性原则。在开发国际理解教育课程资源时，要根据学生现有认知水平和现实需要，决定课程开发内容的深度、广度和难度。

（三）跨学科整合国际理解教育课程资源

课程资源无处不在，中小学教材中承载的内容有限，因此教师除了深入挖掘教材中的教学资源，还应当多角度开发适宜渗透国际理解教育的教学资源，丰富国际理解教育的教学素材。

国际理解教育内容覆盖面广，是一种跨学科的教育理念，许多全球性的议题往往涉及多个领域，具有复杂性和综合性。单一学科难以对世界产生全面的理解。各个阶段各个学科都能为国际理解提供学习和活动的机会，应使用不同的分析和思考方式来解决问题。跨学科的整合学习，能够丰富和加深对问题的理解，使学生对世界的认知更加全面、科学。例如，地理学科是一门综合性课程，这决定了地理学科的研究内容必然会与其他学科存在联系，具有跨学科的特征。在学科中渗透国际理解教育课程的内容呈现出超越学科知识本身的特点。地理学科和国际理解教育内容十分广博，使得跨学科合作的方式能够更加有效地达成教学目标。如地理学科与历史、政治之间存在着知识内容的交叉，这三门学科之间存在知识内容的交叉，并且都蕴含着大量国际理解教育内容。又例如历史学科，如果说地理是从空间的视角认识世界，那么历史学科是从时间的角度看世界。基于国际理解视角，历史学科中可以与地理学科跨学科整合的教学资源并不少。例如，关于资源与环境教育的内容，结合当前工业化环境下的资源浪费、环境污染、生态破坏等内容，可以联系历史教材工业革命的相关内容，了解工业发展的历史背景，帮助学生深刻认识工业发展带来的双重影响，未来继续生存需要努力建设地球家园。在学习多元文化教育方面，地理学知识能够帮助学生认识不同文化形成的区位因素不同。结合历史学科，能够更加清晰地认识在不同地理环境的影响下不同文明的差异，而且可以从时间变化角度了解到不同文明在历史长河的发展与演化历程，这有利于培养学生的时空综合思维，使学生更加全面地认识到尊重与欣赏不同文明差异的重要价值，以此达成国际理解教育的目标。因此教师应通过拓宽自己的教学视野，与其他学科合作，共同设计教学活动，从相关学科中寻找与国际理解教育理念相契合的资源，恰当选取跨学科知识并将其进行有效整合，以达到更好的培育效果。通过打破学科之间的壁垒，联系其他学科，不仅能够使学生的知识更加具有系统性，还可以拓宽国际理解教育的广度和宽度，从而更好地实现培养目标。但是需要注意的是，在联系其他科目时，不能脱离核心教学目标，干扰主要的教学内容，要遵循适度性原则。

国际理解教育课程以解决现实问题为目标，中小学生学习的落脚点也在于更好地生活。国际理解教育课程的内容具有较强的时代性，教师在日常教学中需要将时事热点内容作为教材补充材料，将其与现实生活现象有机整合，扩充学科的教学内容。教师要时刻关注国际时事热点，主动查阅相关资料，善于发现新闻素材，将收集的资料与教学内容联系起来，融入课程教学过程中。一方面所选内容要适当，另一方面要把握恰当的融入时机。要服务国际理解教育课程教学本身，根据课堂教学主题与任务，精选典型的时事热点事例。选取的素材不仅要与国际理解教育内容相关联，保证其时效性、趣味性，而且应当具有鲜明的学科特点，蕴含原理与规律，能够通过不同的视角加以解读，培养学生的课程思维。

例如，初中英语学科中的国际理解教育。在信息化时代，仅仅是教材的材料会限制学生的知识面，除了教材，教师可以从英文网站、英文报刊、英文歌曲等方面来获取资源，作为国际理解教育的课程资源，从而多方面地拓宽学生的视野，提高学生的学习兴趣。目前初中学生所学的科目，如历史、政治、地理等都会包含其他国家、民族的文化、历史人物等，这些内容都可以作为国际理解教育课程的材料。教师还可以根据家乡变化和时代发展，结合本民族特色，结合学生已有的知识经验进行合理拓展。在完成自身教学任务的同时，教师要把握学科原有的特质和要素，达到国际理解教育理念的升华。在教学中，教师要根据世界各国的社会、文化、科技发展的脉络，结合文化传统、民族气质、道德观念等，对其进行合理的教学，并进行"嵌入式"的渗透。

目前在很多学校都进行了国际理解教育课程资源的开发，学校可以根据学校特色自主开发国际理解教育课程资源。

（四）充分利用校外资源

就校外课程资源而言，主要包括政策资源、物质资源、文化资源和人力资源等几方面，这些资源也都是影响学校教育目标和实践发展的潜在因素。

政策资源对于我国教育的指导和引领作用非常明显，政策资源包括教育政策资源和非教育政策资源两个内容。教育政策资源主要是指政府及其教育行政部门出台的有关教育方面的政策，如国家层面的《国家中长期教育改革和发展规划纲要（2010—2020 年）》和区域层面的系列文件，都为中小学国际理解教育课程的目标设计和实践探索提供了政策导向，也为未来的评价支持奠定了基础。非教育政策资源是指政府即非教育部门出台的政策，这些政策会对教育的发展产生影响，也将对学校的教育实践产生巨大而深远的影响。

物质资源和文化资源对学校教育，特别是国际理解教育课程的设计和实践具有一定的影响力。例如，区域教育资源就能产生非常好的综合实践教育和自主探究学习的辅助效果。区域社会环境物质资源非常丰富，区域设备设施完善的各类主题公园、博物馆、图书馆、科技馆、艺术中心等，都成为中小学校本课程优质的场地资源，特别是博物馆课程，地域资源优势与学校课程完美结合，产生了很好的社会教育效果。

人力资源主要是指学校所在区域中具有专长的校外人才和有一定影响的群众组织，一方面可作为校外教师加入国际理解教育课程开发和实施过程中，另一方面可在具体课程实施中组织和参与相关校内外活动。在现代教育中，人力资源开始扮演越来越重要的角色。各中小学校也通过各种渠道积极吸引各类专业人才参与学校国际理解教育课程建设，极大地帮助学校整合社会上的专业人才资源，为学校课程服务。特别是在信息技术不断得到学校推广和使用的背景下，校外人才资源得到了更高效、更可持续的整合与借用。整合利用校内外教育资源时一定要坚持因地制宜的设计原则，既要充分发挥学校所在地区及校内教育资源的优势，又要体现学校的教育特色。

此外，还要充分利用家长和社会资源。课外活动最重要的资源来自家长和社会，国际理解教育课程实施需要这些资源的支撑和帮助，如何调动他们为课程所用是一个值得思考的问题。

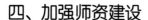

四、加强师资建设

中小学国际理解教育课程建设关键在于教师。要想保障国际理解教育课程落实，保证课程的质量与效果，就需要强化教师对国际理解教育课程的认同，从教师的支持作用、转变传统教师的角色、组建国际理解教育教师队伍、完善教师相关培训等方面着手。

（一）教师的支持作用

教师在课程教学中处于核心地位，要想完善国际理解教育体系，教师就应该积极更新自身的教育理念，丰富国际理解教育课程知识，提升国际理解素养，致力于形成具有专业理念知识和能力的课程开发团队，积极开发具有学校特色的国际理解教育课程。通过学科渗透相关国际理解教育课程内容终究是有限的，校本课程的开发会更加突出国际理解教育的理念，有助于更具体、系统地实施国际理解教育。在开展国际理解教育的过程中，教师要充分发挥主体地位，积极结合学校办学特色以及国际理解教育的内容，开发适合本校的校本课程，根据中小学生不同年级的特征，相应地开展不同主题的活动。校本课程可以从不同主题看向世界，具体内容可以从人权教育、和平教育、环境教育和异域文化理解等方面开展。例如，可以开展从"生态园"看向世界的活动，引导学生关注世界环境问题，从而树立保护环境的意识；也可以开展"校园文化节"，介绍不同国家和民族的节日文化，增进学生对异域文化的理解，并积极将这些主题活动渗透到语文、英语、体育、美术、科学等各学科中去，实现潜移默化的熏陶与感染。

在教学过程中，学生学习主体性的发挥离不开教师的支持作用，或者说，教师需要为学生搭好学习脚手架。教师一般会通过讲授、提问、多媒体演示等方式，帮助中小学生理解学习内容，促进学生的深度思考。

①讲授。国际理解教育课程中有丰富的内容，对这部分知识，教师一般采取直接讲授的方式。例如，在一门有关中外戏剧的课程中，教师会讲述川剧的起源、历史背景、特点以及相关故事；讲授戏剧片段的历史创作背景、形成、所表达的含义以及背后的故事；讲授每一张脸谱所代表的人物角色和性格，川剧里生、旦、净、末、丑等角色所用脸谱的色彩以及每个角色的性格特点。不管是历史、国家、四大文明、节日、动物、环境污染等，都有教师讲授的空间。教师的讲授中也包含了一种解读。例如，在环境问题上，教师会详细讲解海洋污染到底从何而来，以及与日常生活的关系。

②提问。通过设置"问题链"，教师可以引领学生深入思考话题，激发对话、

讨论，甚至辩论。教师的提问主要有三种指向：一是了解学生对于课程内容的了解程度，如"对联合国有哪些认识""平时通过哪些方式学习英语"。二是对客观知识的提问，如"你知道澳大利亚在地图上的位置吗"。三是促使学生思考，表达自己的看法与意见，如"你从课文中看到一个什么样的孔子""通过今天的参观，你又看到一个怎样的孔子"。三种提问指向体现了"了解程度—学习新知—促进思考"的螺旋式层次。

③多媒体演示。随着信息技术的发展，在教学中使用多媒体以加强学生的直观感受已成为一种普遍的现象。教师普遍在教学过程中使用 PPT 等多媒体手段，促进学生对内容的直观认识。不仅如此，一些教师还使用直观教具，如在中外戏剧课上，教师拿出真脸谱，讲授脸谱的制作过程与所用材料，让学生观察脸谱的制作材料。又例如，在一门饮食课程中，教师通过简单冷盘菜品的现场制作来让学生了解本帮菜系形成的由来与历史、地域等因素，同时传承餐饮文化。实物展示使知识具体化、形象化，为学生感知、理解和记忆知识创造了条件。

此外，教师注重对学生的反馈，尤其是一种积极的、正向的反馈。例如，教师鼓励学生提问并及时答疑解惑，对学生发现的富有逻辑和道理的观点，及时给予鼓励、引导；积极引导学生思考相关问题，形成独立见解；让学生写出自己在活动过程中的真实感受，鼓励学生用事实说明切身体会；充分肯定学生，对精彩发言表现不吝赞美，等等。这些描述突出了教师指导、表扬和鼓励的反馈态度。

需要注意的是，教师在撰写课程实施部分时可能会有一定的误解。国际理解教育课程的实施体现在两个层面：一是在学校层面，指课程的整体实施情况，这可以是一门课程的实施，也可以是多门课程形成的课程体系的实施；二是在教师层面，指针对一门具体的课程，需要采取何种教学模式和教学手段。分析课程纲要和教案，毋庸置疑是分析教师层面的实施情况。但是在实际的课程教学时，一些教师将其描述成了课程的实施机制，或者实施的原则等，重点偏颇，没有凸显对课程实施方式的设计。

（二）转变传统教师的角色

教师是国际理解教育课程的主力军和实践主体，要对国际理解教育课程有着正确的认识和定位，深刻理解课程理念，增强对国际理解教育课程的认同意识。

国际理解教育课程的开发及实施是一个动态且持续的过程，这种动态过程要求保持课程定位始终如一，对教师的专业素质和能力提出了新的要求。为了达成以上目标，就需要教师内在角色的转变。这种角色转变包括两个方面：一方面，教师由原先的课程忠实执行者转变为课程创生者。在这个过程中，首先，教师要逐渐打破僵化思维模式，增强自身课程意识和课程自觉意识，亲身参与整个课程的设计、实施和评价过程，在课程实践基础上不断自我建构和反思，审视国际理解教育课程的价值并进行调整，从而推进国际理解教育课程改进。其次，教师树立终身学习的精神，不断更新自身的课程开发理论和知识，提升自身专业能力，转变角色定位，在实践中积极体验课程教学行为，实现国际理解教育课程向内化。管理者要充分放权给教师，增强教师主导课程的权利，使教师参与课程设计，增强自我效能感和认同感。另一方面，教师由原有的知识传授者转变化课程实施活动的参与者、协作者。这就要求教师对自身进行正确的自我认识和评价，树立合理的教学观念，转变过去机械教学、死板僵硬的教学方式，尊重学生的主体地位，平等地与学生进行交流，并结合学生现有的发展水平和发展需求，创造性地设计课程发展方向，促进国际理解教育课程体系不断优化。

（三）组建国际理解教育教师队伍

中小学生国际理解教育课程的实施与教师自身的国际理解素养成正比关系。如果教师自身素质不高，那么学生的培养目标难以实现。因此，要组建适合当前大部分中小学开展国际理解教育的师资队伍结构，主要以本校教师为中坚力量，并且聘请校外优秀国际理解教育教师以及外籍教师为此工作保驾护航。

①培养本校教师以形成国际理解素养培育的核心力量。本校教师了解本校发展需求，清楚学生的学习状况，且数量较大，是开展中小学生国际理解素养培育的中坚力量。提升在校教师自身国际理解素养是应该重视的问题。首先，应该矫正当前中小学教师对国际理解素养的观念，正确认识到培育中小学生的国际理解素养与其长久发展的紧密关系，并正视自身在国际理解素养的培养过程中的角色。其次，在校教师必须通过学校提供的学习机会结合自我学习加强在这方面的研究。因此，学校应提供更多机会给教师，如海外学习、海外培训和专题培训，通过这些培训，增加教师的阅历，开阔眼界，使教师不再拘泥于眼前的短期学习效果，以广阔的视野带给学生全新的世界观，从而更有保障地开展学生的国际理解教育。除此之外，教师要朝着研究型教师的方向发展，加强国际理解素养培育的理论研究和实践，提高自身的科研水平，着重研究学科教学与国际理解素养培育的契合点。拥有丰富的教学实践是一线教师最大的优势，教师要学会扩大这种优势，可

以从教学目标、教学内容、教学过程、教学评价等方面展开学科与国际理解素养的研究，以实践推动理论的发展，以研究优化实践。

②聘请校外优秀教师助力国际理解教师队伍。校外教师与外籍教师也是提高中小学生国际理解素养的两大重要力量。已经有许多的中小学开展了国际理解教育课程，并在这方面有较高的造诣，为了促进学校的更好发展，应打开校门，接受新鲜血液。优秀的校外国际理解素养培育专家可以对本校教师在这方面的研究提供建设性意见，能够短时有效地提高教师的素养，起着优化教师队伍的作用。此外，可以邀请校外教师给学生上国际理解教育公开课，提高课堂的有效性，也能给校内教师展示优质课堂，促进相互学习。

③聘请外籍教师优化国际教师队伍。外籍教师本身带着他国文化融入校园，是一种活的文化教育，不仅能够帮助学生进行语言的学习，最重要的是能够通过语言获得更多的接触外国文化的机会。外籍教师在授课以及与学生的交流中向学生普及更多的异国风俗习惯与日常生活，可以让学生更直接地接触到他国文化，从而逐渐提高学生的跨文化交际意识和技能。同时，外籍教师的加入也能够帮助本校教师学习，聘请的外教来自世界各地，他们具有不同的文化背景和不同的专业素质，在中外教师相互学习和合作时，可以使本校教师跳出书本知识，从外籍教师那里学到更多的人文风采以及优秀的教学方法，积累丰富的教学经验。

（四）完善教师相关培训

教师队伍建设的专业性和稳定性直接影响国际理解教育课程的确立生成和实施程度。教师培训有助于教师形成对国际理解教育的正确认知，并养成解决课程教学实践中的困惑及问题的自觉意识，提升实践水平。基于此，提高教师的国际理解素养对于提高学生的国际理解水平具有重要意义。可以从以下几个方面来开展。

一是开展教师国际理解教育职前培训。首先在课程设置方面，可以把国际理解教育融入专业学科教学中，可以与英语、政治和文化等课程相结合。在开展这些课程时，深入挖掘和拓展国内和国外的文化因素，培养开放包容地对待不同文化的素养，树立正确平等的文化意识；探讨和分析全球时事新闻，提高教师关心全球问题的意识。单独开设相关公共选修课和必修课，如欧洲文化、世界历史、亚洲文化、跨文化交际、人权研究等，有针对性地培养教师的国际理解能力。其次可以积极开展文化交流活动，如增加教育实习的机会。学校可以与其他国家的学校合作，为教师提供海外学习的机会。学校也可以提供海外留学的机会，使教师有机会真正接触国外文化，融入不同文化之中，提高国际理解教育素养。

二是开展教师在职培训。开展在职教师国际理解素养培训，首先，可以开展国际理解教育线上学习，主要针对不熟悉国际理解教育和不知道如何在教学中实施国际理解教育的教师提供线上课程，介绍国际理解教育的概念、要求和实施方法等。其次，可以请专家为教师做相关培训和专题讲座，和专家及其他教师进行沟通与分享，通过系统的方式加强教师对国际理解教育的重视和培养教师的国际理解教育素养。最后，可以筛选优秀教师到海外学习交流，培养教师的跨文化能力和全球公民能力。教师回国后，对自己的海外经验进行总结、分享给其他教师，提高学校教师的国际理解素养。海外学习不仅可以促进教师的第二语言学习，还可以开阔教师的国际视野，提高教师的专业能力。

三是完善教师专业标准，明确要求教师的国际理解素养。教师专业标准是一种国家法律规定的职业许可制度，包括专业理念与师德、专业知识和专业能力三个方面。教师需要达到我国教师资格标准才可以在各级各类学校从事教育工作，教育的内容、重点的规定以及教师资格证考试等都要依靠教师专业标准来开展。同时教师专业标准是提高教师队伍素质的重要保障，是教师教育教学活动科学有效的重要指导，是教师专业发展的重要依据。因此，我国应该完善教师资格标准，增加关于教师国际理解素养的要求，加强教师对国际理解教育的重视。可以从专业理念与师德、专业知识和专业能力三个方面来分别对教师的国际理解素养提出要求。在专业理念与师德方面，要求教师热爱教育事业，树立崇高的职业理想，履行教师的职业道德规范，成为一名精神丰富、道德高尚，具有国际意识的教师，并通过言传身教来培养学生的国际理解素养。在专业知识方面，教师要了解其他国家的文化、历史和宗教等，并且了解现今国家间的基本政策、国情和时事新闻等。在专业能力方面，教师应重视国际理解教育，具备成熟的沟通能力和在课堂上开展和渗透国际理解教育的能力。

四是关注教师需求，建构立体化培训体系。了解教师需求是教师培训工作展开的出发点和落脚点。要想使一所学校校本课程开发工作更加有效开展，就要使得教师培训更加贴近教师的实际需要，选择适应性的培训内容，构造层次分明、结构立体的有效培训体系。根据教师不同的需求，设置不同的培训内容，如针对教师的理论素养需求，可以通过学习讲座、论坛、研讨会的方式增强教师对国际理解教育内涵的理解，强化国际理解教育理念认同，在满足提升教师教学水平和能力的需求的基础上，着重强化"同课异构"的教研培训模式，借鉴学科教研培训方式，对同一主题内容进行逐个上课、集体评课，针对教学问题及时组织专题进行研讨，并对问题审视与反思，在学习共同体中解决问题，以实现参训教师课程理念和能力水平的提升。

五是培训内容具有针对性。根据现实国际理解教育课程问题，灵活选择培训内容与方式，提高培训有效性。国际理解教育课程实施策略合理搭配，采用直接讲解和间接渗透等方式，从而使国际理解教育实践与定位得到有机衔接。

第七章　国外中小学国际理解教育课程的启示

当今世界正处于百年未有之大变局，随着全球变革加速演进，世界更好地了解中国、中国更好地了解世界是中国参与全球教育治理的当务之急，推动国际理解教育的发展势在必行。毋庸置疑，国际理解教育课程是中小学实施国际理解教育的重要载体。其作为一个较为独立的课程领域，有特定的教育目标、内容、方式以及实施模式。随着教育形势的变化，新的问题也在不断产生。探索国外国际理解教育课程开发实践，将有利于推动国际理解教育的发展。本章分为美国中小学国际理解教育课程对我国的启示、英国中小学国际理解教育课程对我国的启示、日本中小学国际理解教育课程对我国的启示三部分。

第一节　美国中小学国际理解教育课程对我国的启示

一、融入多元化的课程目标和课程体系

美国在教育改革中充分体现出将国际理解元素注入核心课程中的倾向。1992年，美国颁布的《历史课程全国标准项目》中赋予了中小学历史教育以新的意义：既要尊重历史，也要理性地看待历史，站在全球性的高度上、从时代性的角度去审视历史。其后，在 2000 年出台的《美国标准教育法》中，将课程目标与国际教育中的全球胜任力直接联系起来，通过跨学科的教学方式，多元化整合课程知识框架。

例如，华盛顿州西雅图的约翰斯坦福国际学校要求学生通过比较学习的方式探索和发现他国文化习俗的差异。学校根据亚欧的历史、文学、艺术和地理开发出一系列跨学科的综合课程。课程的教学形式非常灵活，如让学生根据历史事件表演情景剧，每个学生扮演一个国家，让学生在情景剧中阐述出台的政策和问题处理手段，身临其境地理解不同国家的定位和立场，加深学生对国际社会现状的理解和体验。再如，芝加哥埃文斯顿国际学校的教师在讲述社会学科中南美洲的章节时，会引导学生将关注点放在热带雨林上，通过对比各个国家历年的森林面积变化量和森林保护措施，以及森林砍伐对全球生态和经济带来的影响，使学生深层次地意识到由于文化差异导致各国问题处理方式上的不同举措。

美国中小学国际理解教育的目标就是培养具备全球和文化胜任力的世界公民，包括知识理解方面的探索世界，学会对环境以外的世界进行调查；技能方面的交流想法，学会与各类人有效地沟通想法；态度价值观方面的认识观点，学会认识自己与他人的观点。美国这一目标设计在国内依然存在激烈的研究论证，特别是保守派的"合格公民"和改革派的"全球公民"的争论，让美国国际理解教育的理论研究和实践探索都日趋成熟。

二、提升教师的国际理解教育专业化水平

（一）加强教师国际理解教育的培训

世界各国在开展国际理解教育的实践探索时，都会开展各种形式的教师培训，这主要是因为很多教师在开展国际理解教育教学的时候，并不具备成熟的国际理解教育经验。此外，国际理解教育作为内容丰富多彩、实施形式多样的课程设计，它也在随着世界的发展和全球形势的变化而不断丰富完善。作为教师，必须通过学习和培训与时俱进地完善自己的知识结构，如此才能帮助学生使用全面的信息去了解全球文化发展和交流互融，分析和理解全球问题，形成对世界观的批判性思维。

美国非常重视教师的国际理解教育培训，他们会为职前教师、在职教师和学校管理人员设计专业发展路径，通过分享教师全球体验学习的最佳实践，帮助教师和管理人员把全球主题和海外经验整合进学习和课程中。美国教育的多元文化特征本就非常明显，各种国内的国际理解教育的交流活动非常丰富，而且美国教育和文化的海外输出和个体交流也很丰富，这些都在某种程度上推动了美国教育，特别是国际理解教育从研究到实践各方面的进步和完善。

（二）遵守教师培训的原则

1.专业性原则

专业性原则，就是因教师的教育工作角色分工的不同，有针对性地进行课程设计和学习安排，让教师能在自己的工作领域激发热情、提高能力，成为学习国际理解教育的骨干力量和示范引领。例如，对于学校的行政工作者和普通教师在开展培训时，就可以有针对性地选择专业性的培训，以取得良好的效果。这种专业性培训在国际理解教育发展基础较为发达、资源配备较为前沿的地区可能更容易组织，也更有实效。

2.本土化原则

本土化原则就是基于教师的培训学习需求，整合本土化的培训资源，包括培训师资和场地物资，因时制宜、因地制宜地开展教师培训活动。本土化培训的第一种形式就是鼓励和支持本校教师积极参加省区市等本土层面的国际理解教育培训项目，快速提升本校教师的国际理解教育素养和课程实施能力，如深圳市教师海外培训计划、南山区教师伟大原著"分享质疑法"培训计划等，直接提升了超过一千名区域教师的国际理解教育素养和课程实践能力。

本土化培训的第二种形式是，开展国际理解教育校本培训，这是全面提升学校教师整体国际理解教育课程素养和实践能力最有效的办法。本土化培训的第三种形式就是充分利用区域国际理解教育的项目和平台，开展项目式研究培训。例如，深圳市南山区具有非常优厚的国际理解教育资源，可以利用这些资源积极开展国际理解教育的交流与合作，共同提升教师的国际理解教育素养和课程实践能力。国际理解教育的课程管理人员可以参加"蛇口国际教育联盟""教育国际化实验学校""南山区国际创客学校联盟"等区域民间国际理解教育的交流合作平台。因为这些平台里面的学校基本都是南山区域内的国际学校和国际理解教育发展较好的学校，大家在国际理解教育的课程实施等方面已经有一定的积累，自然在教师的培训学习方面具有很好的效果。

本土化培训的优点非常明显，首先是培训的便捷性，这是当今教师培训不得不面对的一个现实问题，因为学校教师的工作安排不允许出现大范围的离岗培训；其次是培训的实效性，因为培训的内容更加接地气，与教师的工作更加密切相连，而且培训之后教师可以立即与自己的工作实践进行对接，也容易基于对教师的实践监测给予及时的反馈和指导；最后是规模化，因为这种本土化培养短小精悍，能满足最大规模的教师参与，形成更多的思想碰撞。当然，本土化培训相比离岗培训，其培训质效的深刻性就个体来说可能会弱一些，所以这两种培训形势可以组合使用。

3. 灵活性原则

灵活性原则主要是指教师培训形式和平台的选择可以更加灵活，提升培训的质效。随着人工智能时代的来临，互联网技术的日趋成熟，教育与技术的整合日趋密切，各种云上、线上的国际理解教育论坛也是蓬勃发展，如在深圳市南山区这个信息技术高度发达的教育高地，要充分利用区域国际理解教育技术和资源优势，积极灵活地开展丰富高效的线上国际理解教育教师培训，如"全球教育高峰论坛""世界教育前沿论坛""中国教育三十人论坛"等。这里面不乏精彩专业的国际理解教育的课程主题，参加这样的学术交流对学校校领导和管理干部都是极大的提升。

（三）建立教师国际理解教育学习共同体

1. 学习共同体的概念

教师国际理解教育学习共同体就是对国际理解教育怀有研究和实践热情和兴趣的所有人，拥有对培养中小学生的国际理解素养和全球公民意识的使命感，愿意一起去学习国际理解教育的原则、策略和方法，分享工作中的困惑和疑虑，互相鼓励，互相学习，互相促进，希望能在共同的领域推进国际理解教育工作，促进中外文化的交流互融，为全球人类命运共同体的打造做出自己的贡献。教师学习共同体的组成主要是教师，在此基础上还可以围绕学生学习组建更大规模的学习共同体，包括教师、学生、家长、社区人员和社会代表等。

2. 构建教师学习共同体的策略

要构建教师学习共同体，就要紧紧抓住学习共同体的关键特质，从统一愿景、管理机制、团队文化、成果评价、精神气质等各个环节进行设计、探索和打磨，慢慢磨合成为一个有机的整体。

第一，凝聚思想共识，提高全体教师对国际理解教育的重视和认识，形成共同学习的统一远景。学校教师对国际理解教育的学习意愿不强烈，主要是因为工作任务比较繁重，学校针对性的评价制度不完善，校内外各种学习培训的安排繁多等。实现思想认知的破局，可以结合这些原因进行针对性的调整，并动员一部分教师组建小规模的学习共同体，不断扩大。在组建团队的过程中，不断设计和美化共同学习愿景，形成共同文化魅力，吸收更多的团队成员。

第二，探索资源整合，借助传统平台，创建"借鸡生蛋"式的学习共同体。首先，要利用原有平台建立新的学习共同体，如年级组是校园内规模较大的教师学习组织，借助学校年级组这一学习者共同的校内团队和学习愿景，在校园内组建基于国际理解教育的年级学习共同体，以年级为单位，确定共同的学习主题，整合全年级的学科课程和人力资源，开展从课堂研讨、课后查阅到动手实践，再到统一展示等一系列的学习。这个大型的年级学习共同体里面又包含许多更加细化的班级学习共同体、小组学习共同体等，便于更加精细化地分工学习。其次，设计和组织国际理解教育的学习主题，赋予学习共同体生命力。因为这样的教师学习共同体属于原有框架上拼凑起来的学习型组织，结构会松散一些，但是具有成立快、规模大、易操作等特点。此外，可以借助技术平台，创建"网上""云端"的学习共同体。现代技术的飞速发展，促进教育与技术的密切融合。"云端"学习共同体具有无可比拟的优势，如方便高效、不受时空限制、不受人员限制、电子资料共享、随时回看等。它的缺点是缺乏面对面的情感交流等，但是它已经可以充当一个合格的学习共同体的角色了。

第三，引进专家指导学习共同体。国际理解教育专家加入学习共同体，将助推国际理解教育学习共同体的快速发展。为保障国际理解教育，特别是传统文化教育质量和专业水准，学校将传统文化领域的专家纳入学校专家智库，如深圳市外事办工作人员、深圳市民乐协会艺术家、南山区茶文化协会专家等。学校与专家和专业协会组织合作，共同开发了国际理解教育系列课程，或定期推出公开课，开展国际理解教育活动，和全国各地的专家教师共同交流学习。在"互联网＋国际理解教育"模式下，学校可与线上教育慕课平台强强联手，开展国际理解教育传统文化教育系列直播活动。师生合力把校园的传统文化课程推广到全国各地，共享资源，促进传统文化的广泛传播，学生也可以在活动中对传统文化有更深的理解和体悟，变得更自信、文雅、有涵养。

（四）加强教师的国际交流与合作

1."请进来"与"送出去"两条腿走路

"请进来"与"送出去"是开展教师国际交流与合作比较传统的两种形式，也是最常见的形式。"请进来"就是邀请国外的国际理解教育专家来到学校与我们的教师开展专题教育交流活动，它的优点是学习交流的教师覆盖面大、交流主题更加聚焦学校工作、交流形式更易于接受等，它的缺点是交流合作的时间周期比较短、主题交流的感受不深刻等。

"送出去"的交流方式刚好跟"请进来"的方式形成了一个对比，也是一个很好的补充形式。学校可以根据不同的需要选择不同的形式。例如，面向全体教师的交流学习就可以用"请进来"的方式，面向教学骨干的交流就可以用"送出去"的方式。

2. 充分利用区域国际教育资源

充分利用身边的国际教育资源开展国际交流与合作，也是一种非常有效的方式。比如充分利用区域内国际学校的结对活动，开展教师间的交流和学校间的合作项目就是比较高效的方式，因为它实现了双赢的局面，满足了区域中国学校开展国际理解教育交流合作的愿望，也满足了区域国际学校融入当地文化的教育本土化愿望。

利用区域国际教育资源开展国际交流与合作的特征是可以实现国际交流的时空便利性，实现国际交流主题的系列化，实现国际交流的团队化，等等。

3. 充分利用现代教育技术

利用现代教育技术，开展"云端相会"的国际交流也是一个巨大的进步。它具有诸多优势：解决国际交流的时空障碍，实现国际交流的即时性；实现日常交流的便捷性；网络交流资源共享的便利性；有机会与国际教育专家开展"面对面"的真实交流；国际交流的"零成本"；等等。

其不足之处是：缺乏面对面交流的温馨感；交流质量受网络技术的影响等。总的来说，"云端相会"的交流恰恰是对"请进来"和"送出去"的面对面国际交流与合作的完美补充。

4. 共同开展课题教研交流

开展课题研究是学校国际理解教育进一步发展的重要战略，也可以成为国际交流的重要方式。这里面的课题研究包括多方面的研究，一是教师本身要积极参加区域、学校甚至是个人的国际理解教育的课题研究，并与国际伙伴开展交流；二是教师要鼓励和指导学生在探究性学习的基础上，积极开展学生小课题研究，让学生不但在体验层面开展国际理解教育，还在探究和思考层面开展更深刻的国际理解教育，与国际姊妹校的大小伙伴们展示分享和交流探讨。

另外，学校还可以组织教师和学生参加一些国际理解教育项目的学习活动，比如全球教育共同体的项目学习活动、国际生态学校的分享交流、"龙鹰对话"等，让教师和学生在更专业的国际理解教育的舞台和平台上与世界各地的小伙伴分享交流，实现国际理解教育的核心目标。

三、开发系统化的国际理解教育课程体系

（一）注重国际理解教育课程开发的科学性

1.科学性的概念

参考词典对于科学性的解释，结合国际理解教育课程开发的实践，国际理解教育课程开发的科学性主要体现为国际理解教育课程开发目标的明晰性、结构的系统性和内容的适切性。

（1）准确性

准确性体现在：一是国际理解教育课程开发的目标准确明晰。课程目标体现在知识、情感与能力、全球价值等方面的具体说明上，还体现在不同年段和不同阶段的目标说明上。

二是国际理解教育课程开发的目标切实可行。它是以学生为本的，满足学生的学习兴趣和成长需要；它是充分考虑了学校和区域资源特点的，因地因校制宜的目标设计。

三是把握好国际理解教育课程目标与国家课程标准的从属关系，服从国家课程的方向领导，并与国家课程、地方课程形成完整的课程体系。

（2）系统性

系统是处于一定相对关系中的、与环境发生关系的各组成部分的整体，应只能通过组成部分的相互作用来说明。国际理解教育课程开发是对课程各个要素的全面、整体的开发，具有鲜明的系统性特征。

一方面课程开发具有全面性，涉及课程目标、内容、实施、评价与管理等各个方面。国际理解教育课程育人是课程系统功能的发挥，所以课程开发需要统一布局谋划，形成科学、完整、有序的系统。

另一方面课程开发的各个要素是有机关联的，所以国际理解教育课程开发要正确把握各个构成要素的关系与联系，使之相互作用，达到最佳育人效果。

（3）一致性

一致性是指两种或更多的事物的吻合，也就是事物的各个部分融合成一个整体，并指向对同一概念的理解。

课程的一致性是指在期望课程、实施课程、达成课程和评价课程这四级课程之间保持较高的统一度，并形成有机协调的课程整体，指向共同的教育目标。

国际理解教育的学科整合比较灵活，要既整合，又有区分；内容的选择既要具有异文化代表性，同时注意文化对比的敏感性；内容组织要选择适当的形式。

2. 构建科学性的国际理解教育课程

（1）时代性

时代性就是事物的发展要立足时代的发展要求、变化和需要。国际理解教育的课程开发要体现时代的需求。教育为未来生活做准备。应当识别各种社会需要，把它们转化为课程目标，再进一步把这些目标转化成学生的学习活动，从而使学生掌握相应的知识以便为社会所用。当今时代的主题是"和平"与"发展"，国际理解教育课程开发也应该聚焦热爱和平和探索可持续发展等方面。国际理解教育课程要帮助学生理解和探索人类命运共同体的内涵，提高全球公民素养，为未来的生活做准备，这就是它的时代性内容。

（2）开放性

国际理解教育课程的开放性是指从目标、内容、实施到评价的各个环节都应该是开放的，既要有一定的目标与要求，又能在教学过程中体现适当的机动性与灵活性，使教学过程跟随学生的学习过程，紧贴学生的学习需求，满足学生的成长需要。

国际理解教育课程内容的开放性体现在：课程开发主体的多元性，课程内容生成的动态性，课程内容价值的生本性上。此外，在课程内容的整合方面、社会经验的梳理方面、学生的经验链接方面都可以开展开放性的探索。

国际理解教育课程组织的开放性体现在：垂直组织课程在考虑学生的学习兴趣、考虑学生的特点、考虑学生的需要方面进行开放性的思考；在统整课程方面的主题制定、模式选择、头脑风暴组织等方面都可以因人、因时、因地制宜地进行思考和设计。国际理解教育课程评价的开放性体现在评价主体、评价方式、评价内容等方面灵活和多元，有助于实现评价的过程性、激励性和个体性。

（3）探究性

探究性学习是新课程倡导的一种学习的理念、方法、模式，探究性学习能让学生从探究中主动获取知识，应用知识，解决问题。

国际理解教育课程的探究性与它的体验性密切相关，特别是综合实践活动课程、主题探究类的学习课程等的实施过程体现了探究性。课程的探究性对于学生国际理解教育素养中的高阶思维培养具有重要意义。

（二）注重国际理解教育课程的整和性

课程整合，又称课程统整、课程综合化，是课程设计与组织的方式。课程整合是使分化了的学校教学系统的各要素及其各成分形成有机联系，而"整合课程"是采用这种有机整合形式所形成的"新型课程形态"。课程的整合性体现在学科内容的统整、学科关系的统整、学科与活动的统整等方面。要实现国际理解教育课程的整合性，首先，开展学校的国际理解教育的校本课程顶层设计分析，包括基于学生成长需要和校内外资源分析的课程目标、课程内容、课程组织、课程评价等方面的内容，进而打造推动国际理解教育校本课程目标落实的学校文化。通过分析课程顶层设计和学校文化，为国际理解教育课程的整合确定方向。

其次，以国际理解教育核心素养为引领综合设计与实施课程要素。分析学校的育人目标和国际理解教育素养的核心内容，实现学校育人目标和核心素养的合理对接；结合学校历史文化特征和客观现实，将国际理解教育的核心素养融入学校的育人愿景；再将国际理解教育核心素养的要求转化为清晰可操作的具体规格，便于明确课程目标。这样国际理解教育素养真正地融入了课程，并可以根据中学的年段特征把课程目标细化为年段目标。这体现出以国际理解教育素养为导向的目标整合性。

最后，探索与跨学科整合的校本课程。跨学科整合是校本课程开发的常见形式，它是将不同学科里面与国际理解教育素养联系的内容进行重新组合，帮助学生面对真实的问题，培养他们的综合性思维品质和解决问题的能力，使学生提升国际理解教育素养。类似的学习方式还有基于项目的整合学习，它通过开展真实的项目，来发展学生的全方位的能力。它可以锻炼学生的设计思维能力、沟通与表达能力、创作能力、合作交流能力等。

（三）构建多样化的国际理解教育评价机制

开展国际理解教育的评价非常重要，一方面是因为国际理解教育实施在学校中尚处于探索阶段，需要通过开展评价对课程和其他的工作进行研究反思，从而实现可持续的发展；另一方面评价本身需要调整和完善，需要以评促改，以评促建。

1. 探索评价的专业性

以表现性评价的设计与实施来探索评价的专业性，因为它在综合实践活动中的使用比较常见。

第一，确定评价目标，包括知识目标和能力目标。知识目标主要是指对世界各国文化、国际重要机构、全球重大关系和问题中的相关国际理解教育的概念和符号表征的理解与掌握情况。能力目标主要关注学生在真实情境中的问题解决能力。

第二，设计表现性评价任务。国际理解教育课程的表现性评价任务，就是评价者要求参与国际理解教育课程学习的学习者完成的具体任务。

第三，研制表现性评价量规。国际理解教育校本课程的评价量规是评价者根据评价目标和评价内容而精心设计的真实性评价工具，它是对学生的国际理解教育的作品、成果、成长记录袋或者表现进行评价或等级评定的一套标准。

2. 探索评价的多元性

国际理解教育的理念是多元、包容、共享等，对学校国际理解教育的实践，特别是师生的学习探索，也应该注重多元。这里面的多元包括评价内容和评价人员、评价方法等各个层面的多元，力求凸显师生的个性化特点和正面激励。例如，在社区开展"地球熄灯一小时"的国际理解教育活动时，可以通过社区居民的点赞签名、社区感谢信等形式对学生进行评价激励，效果会更好。

此外，可以引入学校国际理解教育的专题督导评价。这是个很好的探索：一方面是因为督导体系里面的责任督学和兼职督学基本都是教育教学的专家和权威管理人员，对学校的教育具有非常专业的认识，可以提升评价的多元性和权威性；另一方面是因为督导制度非常专业和完善，流程完整、科学，设计了比较系统的测量方案，从校园文化、课堂观测、调查访谈、资料查询等方面，全方位地对学校国际理解教育进行评价督导，有助于学校国际理解教育工作的全面诊断和全面提升。

3. 探索评价的及时性

评价的及时性非常重要，它是实现评价的激励作用和引导作用的重要原则，是实施过程性评价的重要要求。为了实现评价的及时性，我们一方面要加强对学生的过程性成长监测，及时给予鼓励和引领；另一方面可以借助技术平台的支持，帮助学生感受真实的成长历程。例如，在"街机游戏设计"的项目学习中，通过用图片或视频记录学生设计、制作、验证、展示和总结街机模型的全历程剪辑，让学生感受成长的喜悦与成就感。

第二节　英国中小学国际理解
教育课程对我国的启示

英国中小学之所以能够在开展国际理解教育课程方面取得成就，离不开社会各界的广泛支持与参与。例如，英国政府及非政府组织制定具有实践性的政策文件及开发相关项目和服务，教育学者不断开展有关英国中小学国际理解教育方面的研究，中小学校、教师、家长及社区相互配合开发有特色的国际理解教育课程活动，学生自觉主动地参与国际理解教育相关活动，等等。英国社会各界的积极参与，推动了国际理解教育思潮在整个英国的广泛传播，促进了英国中小学国际理解教育课程的开展，有效提升了英国人的全球问题意识、培养了他们解决全球性问题的能力。

一、把握国际理解教育课程开展的契机

开展国际理解教育并不意味着要耗费学生大量的学习时间，可以借鉴英国在开展国际理解教育方面的经验，来指导我国中小学教师开展国际理解教育课程。我国中小学需要提高教师的专业素养、合理设计课程内容，使国际理解教育能够顺利地融入中小学课堂之中。

当然，更重要的任务可能在于教师国际理解素养及能力的培养，以及教师在课程设计中能否将国际理解理念融入课程之中。对于这一点，我国可以学习英国为提高教师的国际理解素养所采取的方式方法、政策文件中的实践指导以及网络教育资源。此外，中小学完全可以利用班会时间来开展国际理解教育相关活动，以培养学生未来能够适应经济全球化的能力。

二、扶助贫困地区开展国际理解教育课程

英国的慈善机构如乐施会、全球思考等等以及政府组织如教育部、国际发展部等为贫困地区开展国际理解教育提供了政策指导、项目支持甚至资金扶持，我国同样可以通过社会各界的帮助来推动贫困地区开展国际理解教育。

除此之外，国家可以培养具有国际理解素养的优秀教师到贫困地区从事教育，将国际理解教育带到贫困地区的学校中去。再者，动员社会的力量为贫困地区学校增加硬件设备，如电视、电脑等，学生可以通过这些多媒体来了解世界局势、全球新闻及全球问题，从而培养他们的国际理解素养。还可以通过富裕地区的学校与贫困地区的学校构建合作关系，为学生提供彼此之间相互交流的机会，增加贫困地区学生了解世界的机会。

三、制定有学校特色的国际理解教育课程政策

从研究中可以看出，英国为中小学开展国际理解教育课程提供了较为系统而实用的政策指导。有针对学校的，有针对教师的，有针对小学的，也有针对中学的，课程政策文件具有一定的针对性。课程政策中对课程目标、课程实施的要求、课程评价的方法以及实施案例进行了详细的阐述，中小学校及教师可以在这些政策的指导下，更加明确开展国际理解教育课程的目标，选择合适的课程实施方式，及时进行课程评价。这些政策的颁布，为英国中小学国际理解教育课程的开展提供了理论基础和行动指导，有利于更加系统地在英国中小学开展国际理解教育课程。

我国中小学完全可以结合学校的实际情况，首先，选取英国指导性文件中可以借鉴的部分，如英国国际理解教育课程政策中有关课程目标、实施和评价方面的具体要求和指导建议；其次，经过学校领导、教师就课程政策内容制定的共同研讨达成一致意见；最后，形成适合学校发展特色的指导方案来推动学校国际理解教育课程的开展。

四、探索多样化的国际理解教育课程评价方式

英国在对国际理解教育课程实施进行评价的方法上，既有定量分析，也有定性分析，并且选取多种评价方法，如利用网格、设计李克特量表、制定评价轮、采用教育科研法和设置学校奖等。

此外，英国的政府、非政府组织、中小学校、教师、专家学者及学生等都可以对开展的国际理解教育课程进行评价。课程评价方法多样化、课程评价主体多元化使得英国中小学国际理解教育课程评价更加系统化和科学化，有利于促进国际理解教育课程的开发与改革。

探索课程评价方式对于我国中小学开发和改进国际理解教育课程具有重要作用。只有通过课程评价，才能了解学生接受国际理解教育课程之后对自身成长的影响，才能了解达到课程目标的程度，才能认识到课程实施中的问题。因此，我国中小学可以吸收国内部分地区中小学国际理解教育课程评价的经验，并借鉴英国中小学国际理解教育课程评价方式，探索符合自己学校实际情况的课程评价方式，促进国际理解教育课程的发展。同时，我国中小学也要不断探索新的评价方式，以提高国际理解教育课程的实施效果。

五、利用课内教学与课外活动相结合的方式实施国际理解教育课程

英国最新的课程标准虽然对各阶段的课程内容、课程目标有所要求，但对教师的教学方式上没有限制，因此，教师拥有设计教学方式和安排课程内容的自主权。

由于英国中小学没有固定的教材，教师在向学生传授国际理解的理念时，可以灵活地采取课程渗透、跨学科课程、构建特色校园文化和运用网络教育资源等方式，既不会让学生感觉枯燥生硬，又能够培养他们的国际理解意识。值得注意的是，英国能够合理地将现代通信技术与教育联系在一起，建立教育网站、共享网络教育资源，这不仅为培养具有国际理解意识的教师提供便利，也方便学生可以在任何时间、任何地方去学习，能够让学生选择更加丰富、充满兴趣的课程，从网络中去了解其他国家的文化，了解全球问题，了解世界等。

通过现代信息技术的运用，教师与学生可以拓宽视野，体会国际理解的重要性。例如，英国在中小学公民教育课程中的信息通信技术课程中融入了国际理解，并鼓励中小学学生运用信息通信技术来获取更多的国外教育资源。除此之外，英国教育与技能部建立了全球教育网站，儿童、学校与家庭部随后又建立了全球教育网站的附属网站——电子语言网站。网络技术在全球的各个国家都实用，极大地促进了国际中小学学生相互交流学习，网站的建立使英国中小学能够与全球伙伴学校密切联系，积极推动了英国中小学国际理解教育课程的建设。

英国开展国际理解教育课程主要通过学科渗透、跨学科主题活动课程、校园文化建设和网络教育资源四种方式，这些方式在课内外都可以实践。英国不设置独立的国际理解课程，而是在日常教育教学过程中渗透国际理念，这样做可以减少教师额外的课程压力，更方便国际理解教育课程的开展落实。不同于英国的这种特质，中国中小学重视开发国际理解教育的校本课程，但是开发校本课程所需时间较长，对培养专门的师资要求较高，在如今中国的学校教育教学中并不容易广泛开展。

因此，中国实施国际理解教育课程并不需要局限于课堂教学，中小学可以利用课内与课外相结合的方式来开展国际理解教育，如在课堂上开展国际理解教育可以通过课程渗透、跨学科课程、班会活动等方式，课外开展国际理解教育可以采用校园文化建设、主题活动、国际交流、网络教育资源等方式。合理利用这些方式，可以在不影响法定课程内容教学的同时，向学生渗透国际理解理念。这样可以在不耗费人力、物力的情况下，为中国中小学开展国际理解教育课程提供便利的条件。

六、合理开发和利用国际理解教育网络资源

在信息化时代，新媒体技术在教育中的地位越来越重要，网络教育资源的开发日益普遍，开展国际理解教育课程同样需要借助网络教育资源的力量。英国开设了许多关于国际理解教育的网站，如在线学校、全球思考、全球维度等，这些网站的开发与利用值得中国学习借鉴。同时，中国在开发国际理解教育网络资源时需要注意设计简便的板块链接、丰富的内容资源、多元的语言背景等问题，从而为中小学生独立搜索国际理解教育网络资源以及自主学习国际理解教育课程提供便利条件。

英国政府机构自20世纪90年代起便开始重视在中小学开展国际理解教育，相继出台一系列政策文件给予支持，而其他组织机构甚至更早就致力于国际理解教育的发展。英国在国内中小学开展国际理解教育的覆盖面较广，教学方式较为灵活自由，能够运用现代信息技术开展国际的课程，并且在实施过程中可以真正地让学生去参与体验，引导他们进行深刻思考。

英国中小学在实施国际理解教育课程评价上，拥有多元的课程评价主体和多样的课程评价方法，可以及时有效地反思国际理解教育课程实施的问题，有针对性地进行课程调整和改进。在英国社会各界的共同合作下，国际理解教育在中小

学得到了广泛开展，并取得了显著成效，在一定程度上提升了学生的国际理解素养，促使英国逐渐形成更加宽容的社会氛围。

对比英国的经验与教训，中国应该立足于正确认识中国特色与国际比较，取其精华、避其不足，将时代精神与中国特色相结合，创设适合中小学开展的国际理解教育课程，从而推动中国中小学不断改革和创新国际理解教育课程，为培养可以融入经济全球化时代的现代公民奠定基础。

第三节　日本中小学国际理解 教育课程对我国的启示

一、完善具体化的国际理解教育目标

（一）目标设计以学生为本

苏联教育家阿莫纳什维利提倡教育者要"蹲下来"，从儿童的视角出发，做儿童的大朋友，就是要改变传统教育者完全以教育者视角设计和实施教育的做法，尊重学生的学习主体性[①]。法国教育家卢梭的主要儿童观是"让儿童成为儿童"，指的是尊重儿童的人格和尊严，尊重儿童所具有的特点。只有以儿童为本开展研究、设计和实施国际理解教育活动，尊重儿童的身心发展规律，才能取得国际理解教育的教育成效[②]。

对学生自身的研究是经由两个步骤实现的：一是了解学生的现状；二是把学生的现状与可接受的常模做比较，从中找出差距。以学生为本开展国际理解教育，就是在开展国际理解教育的研究和实践中，围绕学生的学习兴趣和成长需要，整合和调配一切教育资源，科学高效地开展教育教学活动，促进学生具有中华情怀和全球公民素养的培养目标的有效达成。以学生为本，就是针对学生的真实特点开展研究设计和服务。

（二）目标设计因地、因校制宜

因地、因校制宜的国际理解教育目标设计，除了考虑学生本身的兴趣和需要，

[①] 李朝宝.行知教育思想指引下农村学生的教育与管理［J］.教学与管理，2015（8）：18-19.
[②] 马真.浅谈卢梭"自然教育"的儿童观及对现代儿童教育的启示［J］.中国科教创新导刊，2009（9）：189.

还要研究学生学习与生活的学校、家庭、社区等周边环境的现实情况，特别是分析开展国际理解教育的资源配置情况，其中又分为校内资源和所属地域的校外资源。

1. 校内资源分析

就校内课程资源而言，它包括影响学校发展的各个方面，如从建校历史和校风、教风、学风来评价学校的文化氛围，也要解读学校的育人方针与办学思想，还必须了解学校的行政运作机制、管理制度、财务状况、基础设施配套、师资水平、生源状况、现行课程的特点、教学质量、特色学生社团等。分析校内资源的配置情况将对学校国际理解教育的目标设计产生直接而深刻的影响。

2. 校外资源分析

就校外课程资源而言，主要包括政策资源、物质资源、文化资源和人力资源等四方面，这些资源也都是影响学校教育目标和实践发展的潜在因素。政策资源对于我国教育的指导和引领作用非常明显，它包括教育政策资源和非教育政策资源两个内容。教育政策资源主要是指政府及其教育行政部门出台的有关教育方面的政策。非教育政策资源是指政府即非教育部门出台的政策，可能对教育的发展产生影响。物质资源和文化资源对学校教育，特别是国际理解教育的设计和实践也具有一定的影响力。在现代教育中，人力资源开始扮演越来越重要的角色。特别是在信息技术不断得到学校推广和使用的背景下，校外人才资源得到了更高效、可持续的整合与借用。整合、利用校内外教育资源时一定要坚持因地制宜的设计原则，就是要因地制宜地分析与利用各种教育资源，既要充分发挥学校所在地区及校内教育资源的优势，又要体现学校的教育特色。

二、加强认识，树立国际理解教育新观念

正确的认识是实践的基础，我国必须认识到国际理解教育已成为 21 世纪基础教育领域中不可缺少的一部分，制定实施国际理解教育的指导性文件，并组织实施。

我国要加深对国际理解教育理念的理解。就国际理解教育的目标来说，随着经济全球化、国际化的发展，国际理解教育的目标已不仅限于了解外国的文化、传统的知识层面，而是使学生在认识文化多样性与相互依存性的同时，培养能够对异文化持有宽容的态度、积极参与全球事务、独立思考、正确判断的全球性人才。

此外，开展国际理解教育更需要强调对本民族文化传统的认同，"只有民族的才是世界的"。[①]国际理解教育并非仅是简单的学习外国文化、传统，更重要的是加深对本民族文化的认同，这样才是完整的国际理解教育。

三、搭建多元化的国际交流与合作平台

理解源于沟通，尊重在于交流。国际理解教育实践不能只是"纸上谈兵"，更要真正深入不同的文化环境中去。因此，应该积极搭建国际交流平台，给学生提供走向世界的机会。

首先，要重视加强与国际组织的联系，依托国际组织优越的国际资源开展国际理解。教科文组织作为国际理解教育的发起者，不论是在理论建构或是实践探究方面，都取得了一定的成就。联合国教科文组织合作学校更是建立了经济全球化的学校网络，利于全球范围学校教育资源的流通。在开展国际理解教育的同时，中国应该积极向教科文组织靠拢，"站在巨人的肩上"开展实践活动，加强与联合国教科文组织等国际组织的合作，积极参与双边、多边和全球性、区域性教育合作。

其次，要促进学校层面的国际交流与合作。加强海外友好学校建设，开展项目合作、交流访问，组织修学旅行等活动，让学生亲身体验不同的环境，促进学生间的跨文化理解，提高学生运用外语交流的能力。

总之，要推动国际理解教育实践，就必须积极运用各种方式开展交流合作活动，为学生建立多元化的国际交流合作平台。

四、加强国际理解教育学科渗透的系统性

学科渗透无疑是中小学开展国际理解教育的主要渠道。中小学的历史、地理、政治等学科都蕴含有大量的国际教育资源。要想充分利用这些资源和素材，就必须加强国际理解教育在学科渗透中的系统性。我国各个学科的课程大纲涉及国际理解教育的部分过于零碎，不利于国际理解教育的渗透。在这方面，日本的经验可供我们借鉴。

日本国际理解教育的渗透强调了中小学各阶段和学科的渗透。以道德科为例，小学阶段国际理解教育的内容被分解为三个阶段：1～2年级要求亲近别国的人们和文化，3～4年级要求亲近、关心别国的人们和文化，到5～6年级，又要

---

① 郭清芬.浅谈基于国际理解教育的中小学教师培训［J］.教育前沿（综合版），2008（10）：18-20.

求能够以日本人的自觉致力于国际友好。

由此可以发现,日本国际理解教育的内容是根据学生的发展水平不断加深的。所以,我们需要首先根据学生不同阶段的成长水平,合理设置每个阶段国际理解教育的目标,然后充分挖掘各个学科与国际理解教育内容的交集,相应地融入每个阶段中,在保证各个学科本身教学目标达成的情况下,形成从低年级到高年级连贯的国际理解教育渗透体系。

五、构建完善合理的国际理解教育课程体系

我国的国际理解教育课程主要是校本课程。与其他的实践方式相比,专门的国际理解教育的主题课程更有利于直接实现国际理解教育的目标,作用更为显著。要充分发挥国际理解教育课程的优势,就要构建合理完善的国际理解教育课程体系。

首先,要确定国际理解教育所要达到的目标。日本国际理解教育协会将其划分为体验、知识、技能、态度目标,其实与我国的三维课程目标有异曲同工之妙。无论是采用哪种维度,都需要首先确定课程目标,以保证国际理解教育课程的顺利实施。

其次,要有规划地安排课程内容。目前我国国际理解教育的课程开发普遍是由学校自主编制的,内容分散且关联性差。为此,我国也可以在开发校本课程的时候,进行国际理解教育的内容规划。然后,在课程实施中,利用课内教学与课外活动相结合的形式,灵活地开展国际理解教育。

最后,课程评估是评估课程展开效果的依据,是课程开发中的重要部分。目前我国国际理解教育校本课程进行得如火如荼,但却缺少对课程评价的关注,这一部分的缺失将会导致课程实施的效果难以判断,进一步阻碍了课程的实施。因此,有必要构建合理的课程评价体系。

总之,完整的课程目标、课程内容、课程实施、课程评价四大环节是构建完整合理的国际理解教育课程体系不可缺少的内容。

六、合理开发和共享国际理解教育资源

要想真正实现国际理解教育在学校范围内的普及与推广,那么相应的资源开发就必不可少。以政府为首应该积极组织开发各类国际理解教育教材、音像制品、宣传册等,为学生提供了解国际理解教育的直接通道。同时,区域或学校组织开

发的教材资源应该以网络公开或是售卖的形式努力实现资源共享，让资源得到最大限度的利用，节省尚未开发教材的地区和学校的时间和精力，实现资源的最大使用价值。

此外，在信息时代，新媒体技术在教育中的作用变得越来越重要。那么，也应该重视国际理解教育网络资源的开发。在日本，学生可以获得许多国际理解教育的相关资源。它们普遍被设计得可爱、简洁，能在吸引学生注意力的同时引起学生的兴趣，为学生提供丰富的知识。所以，这些网站的开发与利用也值得我国借鉴与学习。

七、推动外语教育和国际理解教育的融合

日本设立了几千所中小学作为国际理解教育的改革试点，如一个班级有少数韩国学生时，平时课堂上韩国学生会由于语言障碍无法配合教师主动发言，也难以融入当地的学生群体，因此学校会设立一门主要用韩语进行教学的活动课。此课堂一是让韩国学生能找到归属感，给留学生一个发表自己观点的机会，找回学习的动力；二是让日本学生能换位思考体会周围韩国学生的处境，体会因语言不通带来的苦闷和失落，加深和外国留学生的友情。

2008 年修订的《小学学习指导纲领》，以及 2013 年出台的《学习指导纲要》把外语学习列为当前阶段的重要内容，体现了日本越来越重视外语教育，重视学生国际素养的养成。学校借助外籍教师在课堂上渗透外国文化，并设立外语教育部统一管理外籍教师，所有地区的外语教育部都设有专门的教研主任，确保教师的教学质量得到保障。

八、融入多元化的课程目标和课程体系

日本于 1996 年公开发表了《21 世纪日本教育的发展方向》的报告，指出中小学教育要基于学生的理解能力和国际定位，从知识、能力、态度和体验四个方面完善国际理解教育课程体系和课程目标。报告要求日本基础教育课程须满足四个方面的要求：培养学生的国际理解能力，开拓学生的视野；在一切对外交际活动中须以本国利益为出发点，站在优秀日本公民的立场去理解和包容异国文化，尊重他国的习俗；在国际社会中，要互相尊重对方的言语自由，客观表达所持观点，尊重对方的立场；培养学生的外语能力，提升中小学学生外语交流和理解能力，开设外国文学课程。

　　日本为顺应经济全球化的浪潮，于 2020 年颁布新《学习指导纲要》，从知识技能、思考力与判断力、学习力三个方面重新建立国际理解教育课程的目标：学生学习外国语言和历史知识时须认识到世界文化的多样性，认识到文化的共通性和变化性，以及不同文化间的相互影响和相互联系；培养学生的思考力和判断力，在与外国同学交往时能站在尊重对方的立场上正确地表达自己的观点，在关系的处理上能理性分析、处理得当；塑造学生的终身学习理念，无论是从丰富知识还是从搭建课体系的角度都必须贯彻终身学习的教育理念。这也是日本教育的核心目的。

参 考 文 献

［1］杜德栎.当代中小学教学改革发展研究［M］.广州：暨南大学出版社，
  2021.

［2］姜英敏.全球化视域下的国际理解教育政策比较研究［M］.太原：山西教
  育出版社，2018.

［3］金建生.中小学课程与教学问题研究［M］.上海：上海交通大学出版社，
  2019.

［4］李晓，王一玲.全球视域下的国际理解教育［M］.武汉：武汉大学出版社，
  2017.

［5］李雁同.走进英国中小学［M］.太原：山西人民出版社，2016.

［6］李毅.人类命运共同体观下的国际理解教育互动研究［J］.世界教育信息，
  2020，33（02）：20-24.

［7］李运奎.共生教育理念下的课堂教学研究［D］.桂林：广西师范大学，
  2011.

［8］刘启蒙，李二民，嵇成中，等.国际教育创新案例分析［M］.北京：教育
  科学出版社，2021.

［9］桑华香，张淑荣，张素荣.中小学教育教学策略研究［M］.长春：吉林人
  民出版社，2022.

［10］沈慧岚.区域推进中小学国际理解教育的载体构建［J］.上海教育科研，
  2021（02）：73-76.

［11］沈慧岚.中小学国际理解教育的问题检视及应对策略——以杭州市江干区
  为例［J］.教育科学论坛，2021（11）：6-10.

［12］舒新城.近代中国留学史 近代中国教育思想史［M］.北京：商务印书馆，
  2014.

［13］李贝.国际理解教育：大学生国际视野拓展与能力培养［M］.北京：科
  学出版社，2016.

［14］王海林 . 伽达默尔"理解的历史性"理论探究［J］. 南昌高专学报，
2010，25（01）：7-8.

［15］王丽华 . 大学与中小学合作的国际案例研究［M］. 杭州：浙江工商大学
出版社，2018.

［16］王远美 . 促进"民心相通"：中小学国际理解教育的使命与愿景［J］. 中
小学管理，2017（05）：8-10.

［17］吴飞驰 . 关于共生理念的思考［J］. 哲学动态，2000（06）：21-24.

［18］徐炳钦 . 教育规律：中小学教育理论［M］. 北京：新华出版社，2018.

［19］杨既福 . 全球化背景下中小学国际理解教育实施策略研究［J］. 内蒙古师
范大学学报（教育科学版），2017，30（04）：1-4.

［20］杨小英 . 对国际理解教育的再认识——基于文化相对论的视角［J］. 中国
德育，2017（24）：25-29.

［21］杨洋，缐巧莺，王庆喜 . 中小学课程构建与智慧课堂［M］. 广州：广东
旅游出版社，2020.

［22］袁征 . 开展国际理解教育的重要原则［J］. 教育发展研究，2018，38（18）：
60-64.

［23］张光斗，张英，张立华 . 中小学教育实践探索［M］. 成都：电子科技大
学出版社，2017.

［24］张建芬 . 拥抱"海洋"看世界：小学国际理解教育的校本探索［J］. 中小
学管理，2017（05）：20-21.

［25］张蓉 . 中小学国际理解教育课程建设的未来展望：基于国际比较的视角
［J］. 课程·教材·教法，2020，40（12）：46-52.

［26］赵中建 . 从国际理解教育到全球胜任力教育［J］. 上海教育科研，2019
（07）：1.

［27］朱振明 . 理解国际传播：问题、视角和阐释［M］. 北京：中国广播电视出版
社，2013.